# CONSTITUTIONS
## POUR LA CONGRÉGATION
### DES SŒURS DE SAINT-JOSEPH
DE CHAMBÉRY

# CONSTITUTIONS

POUR LA

# CONGRÉGATION

DES

# SŒURS DE SAINT-JOSEPH

DE CHAMBÉRY

SOUS LA PROTECTION DE L'IMMACULÉE
MÈRE DE DIEU

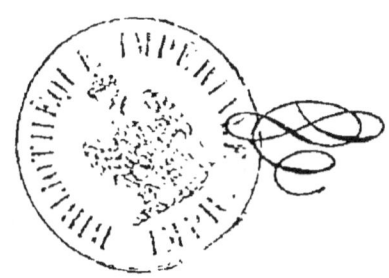

CHAMBÉRY

IMPRIMERIE DE PUTHOD FILS, AU VERNEY

—

1862

# PRÉFACE

La Congrégation des Sœurs de Saint-Joseph a pris naissance dans la ville du Puy en Velay, où elle fut érigée par Mgr Henri de Maupas, évêque de cette ville, en 1650. Ce fut le Révérend Père Jean-Pierre Médaille, prêtre et zélé missionnaire de la Compagnie de Jésus, qui en suggéra la pensée à ce pieux Prélat. Le Révérend Père Médaille habita longtemps le Languedoc ; il prêcha avec succès plusieurs carêmes à Toulouse, et publia un ouvrage de Méditations assez estimé.

Ce Père ayant trouvé, dans le cours de ses missions, plusieurs filles d'une grande piété, qui désiraient se retirer du monde et servir le prochain par l'exercice des œuvres de miséricorde, conçut le dessein de proposer à quelque évêque de les réunir en congrégation. Il s'adressa pour cela à Monseigneur l'Evêque du Puy, dont il connaissait le zèle pour la gloire de Dieu et le salut des âmes. Ce vertueux Prélat approuva le dessein du Révérend Père Médaille, et fit venir au Puy les filles dont il lui avait parlé. Elles furent reçues par M<sup>me</sup> de la Planche, veuve de M. de Joux, gentilhomme de Tance, habitèrent pendant quelque temps dans sa maison et commencèrent ainsi à vivre en communauté. Monseigneur les transféra ensuite dans l'hospice des Orphelines du Puy, et le 15 octobre (fête de sainte Thérèse) de l'année 1650, après leur avoir fait une exhortation, il leur donna des règles de conduite, leur prescrivit une forme d'habit, et voulut que la nouvelle Société fût appelée *Congrégation des Sœurs de Saint Joseph*. Après quoi, il leur confia la direction de sa Maison des orphelines; il travailla ensuite jusqu'à sa mort au développement et à la stabilité de cet Institut, qu'il confirma par ses lettres du 10 mars 1651.

Depuis cette époque, la Congrégation s'est considérablement accrue, sous le patronage des Evêques du Puy, de Clermont, de Vienne, de Lyon, de Grenoble, d'Embrun, de Gap, de Sistéron, d'Uzès, et de beaucoup d'autres Prélats. Plusieurs de ces établissements ont, dès lors, été confirmés par lettres patentes du roi Louis XIV.

Les Constitutions données par

Mgr de Maupas furent revues, corrigées et imprimées pour la première fois en 1729, par l'autorité et avec l'approbation de Mgr de Neuville de Villeroy, archevêque de Lyon.

A la révolution de 1793, la Congrégation eut à subir le sort de toutes les institutions religieuses. Mais, dès que l'orage eut cessé, plusieurs filles vertueuses, s'étant réunies sous la direction de M. Cholleton, vicaire général du diocèse de Lyon, s'organisèrent en communauté. Elles délibéraient sur le choix d'une Règle lorsque Mgr le cardinal Fesch, archevêque de Lyon, fixa leurs incertitudes. Vivement pénétré des besoins de son troupeau, il souhaita qu'en embrassant la vie religieuse, elles s'attachassent à un Institut qui eût pour but l'enseignement des jeunes personnes et le soin des pauvres malades, soit dans les hôpitaux, soit à domicile. Il résolut, pour cela, de rétablir la Congrégation des Sœurs de Saint-Joseph. Dieu semblait avoir réservé à dessein une ancienne religieuse pour le rétablissement de sa Congrégation. Cette vénérable Mère, appelée Sœur Saint-Jean, après une longue détention, était conduite, avec beaucoup d'autres, à l'échafaud sur la charrette fatale, lorsque l'on entendit tout-à-coup crier : « Arrêtez ! arrêtez ! Robespierre est mort ! » On arrêta la charrette, et notre bonne Sœur, rendue à la liberté, se retira dans sa famille. M. Cholleton fit venir cette ancienne Sœur, qui avait déjà exercé avec succès les fonctions de Supérieure avant la Révolution, et lui confia le soin d'instruire ces pieuses filles des devoirs de sa Congrégation. Le

14 juillet 1808, elles en prirent l'habit à Lyon, et en firent les vœux sous la direction de la vénérable Mère Saint-Jean.

En 1812, le cardinal Fesch, ayant accompagné à Aix-les-Bains l'impératrice Joséphine, la princesse Lœtitia et la reine de Hollande, Son Eminence remarqua que les jeunes filles de cette ville étaient fort négligées sous le rapport de l'instruction religieuse. Il se concerta avec Mgr Dessolles, évêque du diocèse de Chambéry, pour établir à Aix quelques Sœurs de Saint-Joseph, dont la Congrégation avait déjà pris du développement à Lyon.

Les Princesses, parentes du cardinal, et spécialement la reine Hortense, visitaient souvent cet établissement naissant, et, tant que la noble Princesse vécut, elle ne cessa de donner des marques d'affection aux Sœurs d'Aix-les-Bains et de Chambéry, où lesdites Sœurs furent appelées la même année.

Dès 1816, Victor-Emmanuel I$^{er}$, par lettres patentes en date du 27 août, reconnut l'existence légale de la Congrégation dans ses Etats ; et, par autres lettres patentes du 27 septembre 1823, le même souverain autorisa les Sœurs de Saint-Joseph à posséder, recevoir et acquérir à titre gratuit et onéreux. La Maison de Chambéry était devenue Congrégation diocésaine, par l'établissement du noviciat de Chambéry en 1817. Dès lors elle prit des développements rapides en Savoie, et bientôt elle se trouva à même de fonder des Maisons hors du diocèse. C'est alors que Chambéry fit successivement les fondations de Turin, de Pignerol, de Moûtiers et de Saint-Jean de Maurienne. De ces diverses Maisons sont ensuite sorties toutes les colonies répandues en Savoie, en Piémont et en Italie.

Pendant longtemps, toutes les Sœurs de Saint-Joseph de France, de Savoie et du Piémont ont suivi la Règle primitive donnée au Puy par Mgr de Maupas et restée manuscrite jusqu'en 1729, qu'elle fut imprimée à Lyon par ordre de Mgr de Neuville de Villeroy, archevêque de cette ville.

Mais, depuis cette époque, les besoins, les circonstances, les œuvres différentes entreprises par la Congrégation, ont fait introduire plusieurs modifications dans ces Règles. Il en a été fait un grand nombre d'éditions toutes assez différentes les unes des autres. Craignant que tous ces changements ne finissent, à la longue, par dénaturer la Règle primitive, et surtout par en faire oublier l'esprit, nous avons cru utile de donner cette nouvelle édition pour fixer la Règle telle qu'elle se pratique aujourd'hui dans le diocèse de Chambéry. Tout en y conservant non-seulement l'esprit, mais encore les expressions de la Règle primitive, on y a fait les additions que le besoin des temps a rendues nécessaires.

Mais rien n'étant stable que ce qui est appuyé sur l'autorité de la sainte Eglise romaine, la Congrégation de Chambéry s'est proposé de mettre un terme aux innovations et de fermer la source du relâchement en soumettant cette nouvelle Règle à l'approbation du Saint-Siége.

Cette Règle fut d'abord envoyée à Rome en 1856, et présentée à l'examen et à l'approbation du Souverain-Pontife, sous le titre de :

*Constitutions des Sœurs de Saint-Joseph, sous la protection de l'Immaculée Mère de Dieu.*

En réponse à cet envoi et à la lettre dont il était accompagné, le Saint-Père daigna adresser à Révérende Sœur Marie-Félicité, Supérieure de la Congrégation de Chambéry, le bref suivant, en date du 4 juin 1856 :

**Bref du Souverain-Pontife à la Supérieure générale.**

### PIUS PP. IX

Dilecta in Christo filia salutem et apostolicam benedictionem. Qui tuus ac sodalium tuarum erga Nos et supremam dignitatem nostram sit animus fidei, pietatis, devotionis et observantiæ plenissimus, ut in Litteris omni ex parte se ostendit quas viii idus martii ad nos dedisti, cum Regulas seu Constitutiones Congregationis tuæ, novissime exaratas, ad Nos mitteres. Has quidem Congregationi nostræ Episcoporum ac Regularium negotiis præpositæ dedimus expendendas, cujus erit subinde rem pro suo munere Nobis referre, ut tibi congruum posthac detur responsum. Fuit vero Nobis quam gratissimum ex iisdem Litteris cognoscere quod Congregatio tua non modo in subalpinis istis regionibus, sed et in aliis dissitis licet vigeat feliciter, imo, benedicente Domino propagetur.

Qua de re summas una tecum Omnipotenti Domino gratias persolvimus, eumdemque suppliciter obsecramus ut Congregationem ipsam dextera sua tegat et brachio sancto suo defendat. Et superni hujus præsidii auspicem ac paternæ Nostræ caritatis pignus adjungimus apostolicam benedictionem, quam tibi, dilecta in Christo Filia, tuisque istis sodalibus ac Congregationi universæ effuso cordis affectu amanter impertimur.

Datum Romæ, apud S. Petrum, die 4 junii anno 1856, Pontificatûs nostri anno X.

### PIUS PP. IX.

Concordat cum originali :
Camberii, die 28 novembris 1857.

F. Gros, *vic. gen.*

## XVI

Chère fille en Jésus-Christ, salut
et bénédiction apostolique.

Le huit des ides de mars, Nous avons reçu de vous une lettre toute empreinte des sentiments parfaits de la foi, de la piété, du dévouement et de la soumission dont vous et toutes vos chères Sœurs êtes animées envers Nous et envers notre dignité suprême. Cette lettre était accompagnée des nouvelles Règles ou Constitutions que vous venez d'écrire pour votre Congrégation. Nous les avons soumises à l'examen de notre Congrégation des Evêques et Réguliers, chargée de ces sortes d'affaires, afin qu'il nous en fût fait un rapport et que nous puissions plus tard vous communiquer une réponse convenable.

Il nous a été souverainement agréable d'apprendre, par votre même lettre, que non-seulement les pays subalpins, mais encore les régions les plus éloignées, jouissent du précieux avantage de posséder des Maisons de votre Congrégation, qui, par un effet de la bénédiction du Seigneur, continue heureusement de se propager de plus en plus.

Nous en rendons avec vous de très vives actions de grâces au Dieu tout puissant, et nous le supplions humblement de couvrir de sa droite cette même Congrégation, de la protéger et de la défendre par la force de son bras saint et puissant. Afin de vous assurer cette protection d'en haut, et pour vous donner un gage de cette charité paternelle, Nous ajoutons aux présentes notre bénédiction apostolique, que nous accordons de toute l'effusion de notre cœur et de la tendresse de notre âme à vous, notre chère Fille en Jésus-Christ, à toutes vos chères Sœurs et à votre Congrégation tout entière.

Donné à Rome, auprès de Saint-Pierre, le 4 juin 1856, la dixième année de notre Pontificat.

**PIE IX**, *Pape.*


Cet accueil si paternel et si bienveillant du Saint-Père, fit concevoir les plus vives espérances à toute la Congrégation, et engagea la Supérieure à faire de nouvelles instances auprès du Saint-Siége. Monseigneur l'Archevêque de Chambéry, toujours si plein de zèle et de dévouement pour le bien de la Congrégation, daigna appuyer cette demande par la lettre qu'on lira ci-après.

Le Saint-Père, en réponse à cette supplique de Monseigneur l'Archevêque, répandit alors une première bénédiction sur notre chère Congrégation en l'approuvant le 2 octobre 1857 *comme Institut de vœux simples*, sous la direction d'une Supérieure générale, renvoyant à un temps plus opportun l'examen des Règles et des Constitutions.

Dès lors ces Constitutions sont restées soumises à la Congrégation des Evêques et Réguliers, qui les a très minutieusement examinées et y a fait toutes les modifications qu'elle a jugées nécessaires. Enfin, d'après le rapport qui lui en avait été fait par le Cardinal-Préfet de ladite Congrégation, le Saint-Père, dans son audience du 22 mars 1861, a daigné approuver ces Constitutions, telles qu'elles se trouvent dans le manuscrit renvoyé de Rome et déposé dans les archives de la Maison-Mère de Chambéry, et qu'elles sont imprimées dans la présente édition, à la fin de laquelle se trouve le décret d'approbation des Règles et Constitutions.

## Supplique de Monseigneur l'Archevêque de Chambéry à Sa Sainteté Pie IX

*Pour demander l'approbation des Règles et Constitutions des Sœurs de Saint Joseph de Chambéry.*

BEATISSIME PATER,

A quadraginta quinque circiter annis existit in hac diœcesi Camberiensi Congregatio Sororum a S. Joseph nuncupatarum; habet enim in diœcesi Domos sexdecim et Sorores circa ducentas. Sedulam quotidie navant operam illæ Sorores in scholis infantium septennio minorum, in docendis puellis familiarum pauperum, in educandis pueris potioris conditionis, in curandis egentibus aut infirmis, sive in nosocomiis, sive etiam in privatis domibus. Habet insuper præfata hujus diœcesis Congregatio duas Domos in Gallia, nempe in diœcesi Molinensi nuper institutas, et alteram a sex mensibus tantum in civitate principe regni Daniæ. Misit quoque plures jam Sorores in Indiam orientalem, in diœcesim quæ dicitur Vizagapatam. Omnes autem ubicumque sint prudentia, modestia, pietate, et sedula pauperum cura, se exhibent plane laudibus dignas.

Usa est hactenus hæc Congregatio quibusdam Regulis et Constitutionibus jampridem typis mandatis; sed illæ Regulæ nunquam fuerunt auctoritate Pontificia approbatæ. Aliunde lapsu temporum, crescente Sororum numero hujus civitatis, nova harum Regularum et Constitutionum præparata et manuscripta fuit editio, mutatis mutandis, et additis quæ addenda videbantur, ita ut omnia quæ sensim usu invaluerunt in illis continerentur. Jam vero valde optat hæc diœcesis Camberiensis Congregatio, ut sic concinnatæ ejus Regulæ et Constitutionnes apostolica approbatione muniantur. Cum autem eas attente legerimus, nihil in illis reperimus quod non videatur Pontificia laudatione dignum. Nos igitur nomine sæpius memoratæ Congregationis Beatitudinem vestram humiliter precamur ut, prævio debito examine, prædictas Regulas et Constitutiones Sororum a S. Joseph dictarum pro tota diœcesi Camberiensi et pro aliis etiam diœcesibus quæ eas deinceps recipere voluerint, approbare dignetur.

Interim benedictionem apostolicam pro se et pro sua diœcesi humiliter deprecatur infra scriptus.

Humillimus et devotissimus servus :
† Alexius, *archepisc. Camberiensis.*

---

Très Saint-Père,

Depuis quarante-cinq ans environ, il existe dans le diocèse de Chambéry une Congrégation connue sous le nom de *Sœurs de Saint-Joseph*, lesquelles sont aujourd'hui au nombre d'environ deux cents, dirigeant seize Maisons dans ledit diocèse. Les salles d'asile, pour les enfants au-dessous de sept ans; l'éducation des filles pauvres; les pensionnats et les externats, pour les classes aisées; les soins donnés aux pauvres et aux malades, soit dans les hôpitaux, soit dans les maisons particulières : tels sont les œuvres principales confiées au zèle de cette Congrégation.

Elle a, de plus, deux Maisons en France, dans le diocèse de Moulins, et une autre Maison établie dernièrement dans la capitale du Danemarck. Elle a envoyé plusieurs Sœurs dans les Indes orientales, diocèse de Vizagapatam. Toutes ces Sœurs se montrent partout admirables de modestie, de piété et de charité envers les pauvres.

La Congrégation s'est servie jusqu'ic de quelques Règles et Constitutions a n ciennement imprimées; mais ces Règles n'ont jamais été approuvées par le Saint-Siége. D'autre part, l'expérience et le nombre toujours croissant des Sœurs ont nécessité quelques changements. Aujourd'hui, les Sœurs de notre ville épiscopale ont préparé une nouvelle édition de ces Règles, renfermant les modifications et les additions qui paraissaient nécessaires et qui étaient déjà consacrées par l'usage. Mais cette Congrégation de Chambéry désire ardemment que lesdites Règles et Constitutions soient approuvées par le Saint-Siége. Déjà nous les avons examinées attentivement, et nous n'y avons rien trouvé qui ne soit digne de cette approbation tant désirée.

C'est pourquoi, au nom de cet Institut, nous supplions humblement Votre Sainteté afin qu'elle daigne examiner et approuver lesdites Règles et Constitutions des Sœurs de Saint-Joseph pour tout le diocèse de Chambéry et pour tous les autres diocèses qui voudraient ensuite les adopter.

En même temps, le soussigné demande humblement votre bénédiction apostolique pour lui et pour son diocèse.

† ALEXIS,
*Archevêque de Chambéry.*

XXV

### Décret d'approbation.

Ex audientia SS$^{mi}$ habità ab infrascripto D. secret. S. Congregationis Episcoporum et Regularium, sub die 2 octobris 1857, Sanctitas Sua, attentis precibus et litteris commendatitiis R$^{mi}$ Archiepiscopi Camberiensis oratoris, necnon fine ad quem tendit Institutum Camberiense Sororum à S. Josepho nuncupatarum, uberibusque fructibus qui ex eo promanarunt, illud uti Congregationem votorum simplicium, sub regimine Antistitæ, seu Moderatricis generalis, et salvâ jurisdictione Ordinarii, apostolica auctoritate approbavit et confirmavit, dilato ad opportunius tempus Regularum et Constitutionem examine, contra-

Dans l'audience du Saint-Père que le soussigné, secrétaire de la sainte Congrégation des Evêques et Réguliers, a eue le 2 octobre 1857, Sa Sainteté, vu la supplique et les lettres de recommandation du Révérendissime Archevêque de Chambéry, considérant la fin de l'Institut des Sœurs dites de Saint-Joseph, établi à Chambéry, et les fruits abondants qu'il a produits ; de son autorité apostolique a approuvé et confirmé ledit Institut comme Congrégation de vœux simples, sous la direction d'une Abbesse ou Supérieure générale (sans préjudice de la juridiction de l'Ordinaire), et a renvoyé à un temps plus opportun l'examen

| | |
|---|---|
| riis quibuscumque minime obstantibus. | des Règles et des Constitutions, nonobstant toutes choses contraires. |
| Romæ. | Rome. |
| Cardinalis DE GENGA, *Præfectus.* | Le Card. DE LA GENGA, *Préfet.* |
| † A., Archiepiscopus. | † A., Archevêque. |
| PHILIPPENSIS, *Secret.* | DE PHILPPPE, *Secret.* |

# CONSTITUTIONS
## POUR LA CONGRÉGATION
### DES SŒURS DE SAINT-JOSEPH
#### DE CHAMBÉRY

## PREMIÈRE PARTIE

DE LA FIN DE CETTE CONGRÉGATION ET DES VERTUS QUE LES SOEURS DOIVENT PRATIQUER

## CHAPITRE PREMIER.

*But de l'Institut.*

1° La Congrégation de Saint-Joseph est une réunion de filles dans laquelle on peut aussi recevoir de jeunes veuves, pourvu toutefois qu'elles n'aient pas d'enfants qui réclament encore leurs soins. Elles vivent en congrégation et s'appliquent toutes à leur propre perfection par la pratique et l'observance de leurs vœux et des présentes Constitutions, ce qui doit être la première et principale intention des Sœurs en entrant dans la Congrégation. Mais elle n'est pas seulement établie pour la sanctification des personnes qui la composent, elle est aussi spécialement instituée pour l'instruction de la jeunesse et pour le soulagement spirituel et corporel du prochain ; à ces fins elle embrassera toutes les œuvres de charité qui seront exprimées dans les Constitutions.

2° Elle porte le nom de Congrégation de Saint-Joseph, afin que les Sœurs qui la composent s'appliquent, dans le service du prochain, à imiter la diligence, la charité et la cordialité avec lesquelles leur glorieux patron servait Jésus pendant sa sainte enfance, et la Vierge Marie son épouse.

3° Elle est consacrée à la très-sainte Trinité et à la sainte famille, Jésus, Marie et Joseph. Ce qui doit exciter les Sœurs à glorifier les trois personnes divines, Père, Fils et Saint-Esprit, par une parfaite obéissance, une profonde humilité et une constante disposition à faire ce qu'elles connaîtront de plus agréable à Dieu, comme le faisaient Jésus, Marie et Joseph tandis qu'ils étaient sur la terre.

4° Le fondateur de cette Congrégation s'étant proposé pour but principal de réaliser la première intention de saint François de Sales dans l'institution des Religieuses de la Visitation de Sainte-Marie, les Sœurs auront pour ce saint prélat une dévotion particulière. Elles le considèreront comme leur premier fondateur, et s'efforceront de prendre l'esprit primitif qu'il avait inspiré aux premières Sœurs de la Visitation.

## CHAPITRE II.

*De la clôture que les Sœurs doivent garder et de la fuite du monde.*

1° Les Sœurs ne seront pas astreintes à une clôture rigoureuse, parce que, selon le but de leur institution, elles doivent vaquer particulièrement au service du prochain et à la visite des pauvres malades. Elles éviteront pourtant toutes les sorties inutiles, restant toujours dans leurs maisons, excepté dans les cas suivants ou d'autres semblables. Elles pourront sortir : 1° pour vaquer à des œuvres de charité ou traiter d'affaires importantes ; 2° pour faire des visites de bienséance à des personnages distingués, bienfaiteurs ou protecteurs de la Congrégation ; 3° enfin pour prendre l'air de la campagne, nécessaire à la conservation de la santé des Sœurs, qui respirent souvent un air infect dans les écoles des filles pauvres et dans les hôpitaux.

2° Ces sorties ne se feront que par un ordre formel ou par une permission de la supérieure. Une Sœur ne sortira jamais seule, elle sera toujours accompagnée d'une autre Sœur et non d'une élève de la maison, à moins qu'il soit impossible de faire autrement.

3° Les Supérieures auront soin de s'interdire à elles-mêmes ,. ainsi qu'à leurs Sœurs, toutes sortes de visites qui n'auraient pas pour but l'un des motifs ci-dessus mentionnés, celles surtout qui ne seraient inspirées que par la dissipation, par un attachement trop naturel à ses parents ou à d'autres personnes.

4° Les Sœurs porteront profondément gravées dans leur esprit et dans leur cœur ces paroles du grand Apôtre : *Vous êtes morts et votre vie est cachée en Dieu avec Jésus-Christ* (Aux Col., ch. III, v. 3). Leur plus grande ambition devra donc être de s'ensevelir dans la solitude de leurs maisons, comme la Sainte-Vierge à Nazareth, ou d'être confondues avec les pauvres qui seront confiés à leurs soins, comme Jésus-Christ au milieu des peuples qu'il instruisait. C'est dans l'exercice de ces fonctions charitables, dans l'amour du recueillement et la fuite du monde, que l'esprit divin se répandra plus abondamment sur elles.

5° La porte d'entrée sera toujours exactement fermée. Si les classes ne sont pas séparées de la Communauté, la porte sera ouverte seulement aux heures fixées pour l'entrée des élèves.

Hors ce temps, elle restera toujours fermée de manière que, de l'extérieur du moins, on ne puisse pas ouvrir sans clef.

6° Il y aura, pour les étrangers, un parloir aussi indépendant que possible du logement des Sœurs. Celles qui y seront demandées devront être accompagnées, à moins que, pour de justes raisons, la Supérieure ne juge à propos d'en dispenser.

7° On ne pourra point introduire les personnes du dehors dans l'intérieur de la Maison, à l'appartement des Sœurs. Cependant, dans celles des maisons de la Congrégation où les Sœurs tiendront des pensionnats, on pourra, avec l'autorisation de la Supérieure, permettre aux proches parentes et aux mères de visiter l'appartement qui sera destiné à leurs enfants.

8° Dans le cas où une prétendante,

ou une novice, ou une Sœur engagée par les vœux temporaires, tomberait dangereusement malade, on pourra permettre à son père, à sa mère, à ses frères, à ses sœurs, ou à son tuteur, de la visiter, surtout s'il y avait quelque affaire de famille à régler. Les parents de la malade ne seront pourtant introduits auprès d'elle qu'avec la permisssion de la Supérieure-Générale, à moins que la distance des lieux ne laisse pas le temps de s'adresser à elle.

9° Le médecin et le confesseur seront seuls introduits auprès des malades, selon que la nécessité le demandera ; mais toujours accompagnés de celle qui en aura la charge.

10° Si quelque bienfaiteur signalé, ou quelque personne de grande considération, demandait à visiter la Maison et ses dépendances, la Supérieure pourrait accéder à leurs désirs, et les accompagnerait elle-même.

11° On n'admettra jamais personne à manger à table avec la Communauté, si ce n'est lorsque la charité ou la reconnaissance l'exigerait envers quelques Religieuses d'une autre Congrégation. Quant aux personnes qui viendraient faire une retraite et à celles auxquelles la Communauté aurait de grandes obligations, on leur servira à manger dans un lieu séparé.

12° Dans les villes et les bourgs, on n'offrira point à manger aux parents des Sœurs, non plus qu'aux personnes de leur connaissance, à moins que la bienséance et la charité n'en fassent un devoir ; mais alors ce sera au parloir ou dans une autre chambre séparée, avec toute la simplicité et la modestie religieuse.

13° Dans les hôpitaux, maisons de pénitentes, hospices, etc., les Sœurs occuperont un appartement séparé où elles auront un dortoir, un réfectoire et un oratoire, s'il n'y a pas de chapelle dans la Maison, afin qu'elles puissent y faire leurs exercices religieux.

## CHAPITRE III.

*De la modestie et de l'habit des Sœurs.*

Les Sœurs, en tout ce qui concerne leur extérieur, leur tenue, leur démarche, etc., feront paraître l'humilité, la modestie et la maturité qu'on doit attendre des Vierges consacrées à Jésus-Christ dans la vie religieuse. Pour cela, elles observeront particulièrement ce qui suit :

1° Elles ne tourneront point légèrement la tête sans nécessité ; elles ne le feront, au besoin, qu'avec gravité. Elles la tiendront droite sans affectation.

2° Elles tiendront ordinairement

les yeux baissés, surtout quand elles n'auront aucune surveillance à exercer, et elles éviteront de les porter sans nécessité de côté et d'autre. Elles ne les arrêteront pas sur le visage des personnes à qui elles auront à parler, surtout si ce sont des personnes d'un sexe différent.

3° Les mains seront arrêtées et dans un maintien décent ; la démarche sera grave, modérée et non précipitée, à moins d'une vraie nécessité, encore faudra-t-il avoir égard à la bienséance. Enfin, tous les gestes, tous les mouvements de leur corps devront être tellement réglés, qu'ils donnent de l'édification.

4° S'il faut parler à quelqu'un, elles s'observeront sur le sujet de la conversation et sur la manière de le traiter.

5° Leurs habits seront d'étoffe commune de laine noire. Ils consisteront en une robe, dont la jupe ne touchera pas tout à fait à terre : la taille de la robe sera unie, plutôt un peu courte que trop longue, et habillera devant. Les manches seront d'une largeur médiocre, tout unies, et, quand elles seront étendues, elles devront atteindre l'extrémité des doigts. Sous ces grandes manches, elles pourront en porter de petites, de la même étoffe, très étroites, qui se termineront au poignet, sans y être fixées.

6° La coiffure consistera : 1° en un voile de laine noire, qui descendra par derrière environ quinze centimètres au-dessous de la ceinture, et par devant, quand il sera baissé, de manière à couvrir exactement les yeux ; 2° en un voilon de la même étoffe que le voile ; 3° en un serre-tête ; 4° en une cornette qui enveloppera le cou ; 5° en un bandeau qui descendra jusqu'au milieu du front. Le tout, ainsi que la guimpe qu'elles porteront sur la poitrine, sera de toile blanche de qualité ordinaire.

7° Elles porteront, au cou, un crucifix de cuivre sur bois noir, suspendu devant la poitrine. A la ceinture, elles porteront un cordon de laine noire commune, auquel sera attaché, du côté gauche, un chapelet avec une simple croix, le tout de bois noir. Le costume des novices ne différera pas de celui des Sœurs Professes, seulement elles ne porteront la croix sur la poitrine qu'après l'émission des vœux perpétuels. Celui des Sœurs Converses sera aussi d'étoffe noire, mais plus commune que celle des habits des autres Sœurs de la Congrégation. Il consistera : 1° en une robe, un tablier et un mouchoir ; 2° en une coiffe blanche recouverte d'une autre coiffe en laine noire. Elles n'auront ni bandeau, ni voile, ni cornette, et le crucifix qu'elles porteront sur la poitrine, après la profession, sera un peu plus petit que celui des autres Sœurs.

8° Si la Congrégation possède quelques établissements dans les missions étrangères, ou sous un climat d'une chaleur excessive, les Sœurs qui y seront établies pourront se servir d'étoffes plus légères pour leurs habits; mais la qualité en sera toujours très commune. Elles pourront aussi supprimer le voilon, et substituer un voile blanc au voile noir, en le fixant sur les épaules. Celles qui seraient établies dans des pays hérétiques, pourront, si la nécessité l'exige, avec la permission de l'Évêque du lieu, et pour le temps nécessaire, exercer leurs fonctions sous un habit laïque, toujours d'étoffe de laine noire. Il en serait de même pour les Sœurs qui feront de longs voyages.

9° Afin d'observer les règles de la sainte modestie, les Sœurs ne quitteront jamais leurs habits pendant le travail, ni pendant les chaleurs de l'été. Quand elles seront malades, ou qu'elles seront obligées de se lever pendant la nuit, elles se serviront de robes de chambre, qui seront d'une étoffe noire et commune. Dans la saison rigoureuse de l'hiver, et lorsqu'elles seront malades, elles pourront se servir d'un manteau qui sera noir et d'une étoffe très commune. La forme du manteau doit être simple et de manière à ce que le costume ne paraisse pas changé.

## CHAPITRE IV.

*De l'humilité et de l'ordre qu'il faudra garder dans la Congrégation.*

L'humilité étant le fondement des

vertus chrétiennes, le caractère des disciples de Jésus-Christ, le soutien et l'appui inébranlable de tout l'édifice religieux, les Sœurs, dès leur entrée dans la Congrégation, auront soin de travailler à l'acquisition de cette vertu, en la pratiquant, autant qu'elles pourront, intérieurement et extérieurement.

1° Elles la pratiqueront intérieurement en entretenant dans leur esprit des pensées d'humilité et de mépris pour elles-mêmes, considérant, sans se flatter, le nombre de leurs péchés, de leurs faiblesses, de leurs misères. Il faut ensuite que l'humilité passe de leur esprit dans leur cœur, et qu'elles aiment à être méprisées, et à souffrir toutes sortes d'humiliations et de contrariétés.

2° Elles la pratiqueront extérieurement en recherchant, ou au moins en acceptant de bon cœur, les emplois les plus pénibles et les plus méprisables aux yeux de la nature ; en conservant une grande douceur dans toutes leurs conversations, se soumettant humblement aux sentiments et à la conduite des autres, s'estimant et s'honorant les unes les autres, comme des personnes consacrées à Dieu et épouses de Jésus-Christ. Mais elles auront un respect particulier pour celles qui sont anciennes dans la Congrégation. Elles en useront de même envers les personnes du monde, leur parlant avec respect, n'en méprisant aucune, quelles que puissent être leurs misères spirituelles ou corporelles.

3° Pour conserver l'ordre dans la Congrégation, et empêcher que la pratique indiscrète d'une trop grande humilité extérieure n'introduise la confusion parmi les Sœurs, on observera ce qui suit : 1° La Supérieure générale tiendra le premier rang dans toutes les maisons de la Congrégation où elle se trouvera. Il en sera de même de l'Assistante de la Supérieure générale, quand elle sera envoyée dans quelque maison de la Congrégation. Dans le lieu de la résidence de ladite Supérieure, son Assistante tiendra le second rang. 2° Les Supérieures locales tiendront, dans leurs maisons, le premier rang. 3° Quant aux autres Sœurs, elles se placeront toujours par rang d'ancienneté de profession, sans avoir égard, ni à l'âge, ni au mérite, ni à aucune autre chose. 4° Après les Sœurs Professes, viendront les Novices, ensuite les Prétendantes, enfin, les Sœurs Converses, et toutes se placeront par rang d'ancienneté.

4° Les Sœurs de la Congrégation sont de deux rangs : les Professes et les Converses. Les Sœurs Professes ont voix active au Chapitre, après l'émission des vœux perpétuels. Elles ont aussi voix passive à toutes les charges et à tous les emplois de la Congrégation, selon qu'il est réglé dans les Constitutions. Elles récitent en chœur l'office de la Sainte-Vierge les dimanches et les fêtes de précepte.

5° Les Sœurs converses n'ont ni voix active ni voix passive au Chapitre. Elles ne peuvent jamais passer au premier rang. Elles rempliront, dans la Congrégation, les offices domestiques et pourront aussi faire celui de portière, particulièrement dans les maisons peu nombreuses. Quant aux autres emplois, elles n'y seront appliquées que le moins possible et seulement comme suppléantes. Elles feront tous les exercices prescrits par les présentes Constitutions, autant que leurs occupations et les ordres de la Supérieure le leur permettront, excepté l'office de la Sainte-Vierge, qu'elles ne réciteront pas, mais qu'elles remplaceront par le *Pater*, l'*Ave*, le *Gloria Patri*, répétés quinze fois, c'est-à-dire : cinq fois pour Matines et Laudes; cinq fois pour les Petites Heures; cinq fois pour Vêpres et Complies. Elles assisteront cependant aux Vêpres les dimanches et les fêtes de précepte avec les autres Sœurs. Pour tout le reste, les Sœurs Converses seront traitées selon leurs besoins, avec la même charité que les Sœurs Professes, puisqu'en la Congrégation toutes doivent vivre sans murmure et sans mépris, avec une égale dilection, comme Marthe et Marie, c'est-à-dire en vraies sœurs et bien-aimées de Notre-Seigneur. Les Sœurs Converses se ressouviendront cependant qu'ayant été appelées de Dieu dans la Congrégation, pour servir leurs

Sœurs, elle doivent en tout et partout les honorer, les prévenir, et se conserver, à l'égard des Sœurs Professes, dans des sentiments qui les empêchent de ne jamais leur commander, ni les almonester, etc.

## CHAPITRE V.

*De l'union avec Dieu et des exercices spirituels que les Sœurs devront pratiquer.*

1° Les Sœurs se pénétreront de ces paroles de Notre-Seigneur : *Celui qui demeure en moi et moi en lui porte beaucoup de fruits : sans moi vous ne pouvez rien faire.* Elles feront tout leur possible afin d'attirer sur elles l'esprit de Jésus-Christ, en s'attachant, dès leur entrée dans la Congrégation, à l'esprit de prière et d'oraison, par une union souvent renouvelée de leur âme avec Dieu. Elles se rappelleront que les services qu'elles sont appelées à rendre au prochain, loin d'être un prétexte pour les éloigner de l'oraison et du recueillement, sont un puissant motif de les y porter avec plus de ferveur ; car elles ne pourront être des instruments utiles qu'autant qu'elles seront dirigées par l'esprit de Jésus-Christ qui ne se communique à nous que par le recueillement et l'oraison.

2° Les dimanches et les fêtes de précepte, les Sœurs réciteront en chœur l'office de la Sainte-Vierge, dans leur chapelle ou leur oratoire, et les autres jours, elles réciteront les Matines du susdit office de la Sainte-Vierge. Elles feront aussi, deux fois le jour, l'oraison mentale et l'examen de conscience, ainsi qu'une lecture spirituelle.

3° Toutes les Sœurs doivent s'acquitter avec exactitude des exercices ci-devant indiqués, en les considérant comme autant de moyens pour arriver à l'union avec Dieu et à la perfection à laquelle elles sont appelées. Aucune ne les omettra sans de graves raisons et sans en avoir obtenu la dispense.

## CHAPITRE VI.

*De la charité que les Sœurs devront pratiquer entre elles.*

Les Sœurs doivent exercer la charité envers les pauvres ; il faut encore qu'elles l'exercent principalement entre elles, puisqu'elles sont unies non-seulement par la foi, mais par la même vocation et qu'elles font partie de la même Congrégation. Elles doivent donc n'avoir qu'un cœur et qu'une âme ; or, pour établir et maintenir cette parfaite union entre elles, elles suivront les règles suivantes :

1° Elles se souviendront de ces paroles de Jésus-Christ : *C'est mon commandement que vous vous aimiez les uns les autres comme je vous ai aimés.* (S. Jean, ch. xv, v. 12.) Elles mettront un grand empressement à observer dans leur conduite ce précepte ; elles s'aimeront mutuellement, elles se supporteront avec patience et douceur pour l'amour et l'exemple de ce divin Maître.

2° Elles auront un grand zèle pour leur avancement mutuel, une joie pure et sincère à la vue des progrès de leurs Sœurs, et un soin particulier de s'exciter à la perfection, soit par leurs bons exemples et leurs bons avis, soit par les prières qu'elles feront les unes pour les autres.

3° Cette charité ne doit pas seulement exister dans le cœur, il faut encore qu'elles la fassent paraître au dehors par leur douceur et par une sainte complaisance à se faire tout à toutes. Chacune préférera les avantages de ses Sœurs aux siens propres. Dans leurs besoins, elles s'aideront et se soulageront les unes les autres, avec une démonstration pleine de bienveillance et d'amitié ; elles ne s'arrêteront à aucun sentiment de jalousie.

4° Toutes éviteront de hausser la voix, ce qui est peu séant, surtout pour une Religieuse ; elles ne disputeront point les unes avec les autres. Lorsqu'elles seront d'une opinion différente sur un point de quelque importance, elles exposeront leurs raisons avec autant de modestie que de charité, et pour le seul intérêt de la vérité.

5° Il n'y aura entre elles ni parole piquante, ni reproche, ni plainte, ni mépris, ni murmure. Elles éviteront tout ce qui pourrait troubler la paix ou altérer l'union des esprits et des cœurs. Mais, comme dans les communautés religieuses il n'y a pas d'écueil plus dangereux que les amitiés particulières, ce sera là un point capital qui réveillera toute leur attention. Elles se souviendront que ces amitiés sont le fléau de la charité chrétienne, la source des préférences égoïstes, des jalousies, des antipathies.

6° Si, ce qu'à Dieu ne plaise, quelqu'une des Sœurs venait à dire ou à faire quelque chose qui blessât la charité et offensât une autre Sœur, encore que ce ne fût pas par malice, aussitôt qu'elle y aura pris garde, elle lui en fera ses excuses. Si elles s'étaient offensées l'une l'autre, elles se feront mutuellement satisfaction.

7° Quand une Sœur fera quelque faute légère, les autres ne la reprendront point; mais s'il y a plusieurs rechutes, la Sœur qui est en faute sera charitablement avertie par celle qui en aura été témoin.

8° Si la faute est grave et secrète, la Sœur qui l'aperçoit doit, selon la règle de l'Evangile, avertir avec douceur et charité celle qui l'a commise. Si la coupable paraît persévérer, la Supérieure en sera prévenue. Il y a des circonstances où il est nécessaire d'avertir tout de suite la Supérieure de certains abus, afin d'en prévenir les résultats.

9° Les Sœurs qui passeront d'une maison de la Congrégation dans une autre, ne révéleront jamais les faiblesses, les défauts, et encore moins les fautes de celles avec qui elles auront vécu antérieurement. Si cette manifestation devenait nécessaire pour le bien de la maison, elles la feront alors à leur nouvelle Supérieure, mais avec prudence, ne nommant jamais personne que dans le cas d'une vraie nécessité. Par ce moyen, la bonne opinion que toutes doivent avoir les unes des autres sera conservée, et la charité ne sera point blessée.

10° A l'époque de la visite de la Supérieure générale, ou dans tout autre cas, si une Sœur est interrogée par elle en ce qui touche la Communauté ou l'un de ses membres, elle dira toute la vérité avec humilité et simplicité. Chacune sera même obligée de déclarer à la Supérieure générale les fautes et les défauts qui pourraient entraîner de graves conséquences pour l'Institut ou pour quelques-uns de ces membres. Il ne sera pas même nécessaire, pour cela, d'attendre qu'on soit interrogée.

11° Cependant, toutes les Sœurs veilleront sur elles-mêmes afin que toute passion soit étrangère à ces rapports, et, avant d'accuser les autres, chacune sondera son propre cœur pour que le ressentiment, la jalousie ou un faux zèle ne la porte jamais à exagérer les fautes de ses Sœurs.

# DEUXIÈME PARTIE

MOYENS DE PERFECTION

## CHAPITRE PREMIER.

*Des moyens généraux que les Sœurs devront prendre pour acquérir la perfection.*

1° Pour acquérir la perfection que Dieu demande d'elles, les Sœurs devront observer fidèlement les vœux qu'elles auront faits, et ce qui leur est prescrit par les Constitutions. C'est pourquoi elles les liront avec attention et avec désir de les observer parfaitement.

2° Elles méditeront souvent ces paroles du Lévitique : *Soyez saints, parce que je suis saint.* (Lévit., ch. 11, v. 44), et celles que Jésus-Christ a dites à ses disciples : *Soyez parfaits comme votre Père céleste est parfait* (S. Matt., ch. v, v. 48). Elles prendront ces paroles comme adressées à elles-mêmes, et, pour obéir à la voix de Dieu le Père et à celle de son Fils Jésus-Christ, elles auront un grand désir de devenir parfaites par la pratique de toutes les vertus, et particulièrement de l'humilité qui est le fondement de la sainteté, et de la charité qui en est la perfection. Et parce que ces vertus dépendent de la grâce de Dieu, elles les lui demanderont avec persévérance, et tâcheront de les pratiquer dans toutes les occasions.

## CHAPITRE II.

*Des exercices de chaque jour et de la distribution des heures.*

1° Le temps destiné au sommeil sera de sept ou huit heures au plus.

Aussitôt qu'elles seront habillées, les Sœurs se rendront à la chapelle ou à l'oratoire, pour faire l'offrande de la journée et réciter le *Pater*, l'*Ave*, le *Credo*, l'*Angelus*, le *Veni Creator*, et autres prières.

Après quoi, elles liront le sujet de la méditation, qu'elles feront ensuite pendant une demi-heure.

2° La sainte Messe suivra immédiatement, autant que cela sera possible.

3° Ces exercices terminés, chaque Sœur ira faire son lit, si elle ne l'a fait à son lever, balayer sa chambre et le dortoir, ou remplir toute autre fonction qui lui aura été désignée; ensuite aura lieu le déjeûner, après lequel chacune se rendra à son emploi.

4° Le dîner se fera ordinairement vers le milieu du jour, et le souper, vers sept ou huit heures du soir.

5° Avant le dîner, les Sœurs feront l'examen particulier, rendront compte du sujet de leur méditation du matin, tout cela durant l'espace, à peu près, d'un quart d'heure. Elles choisiront l'heure dans la journée, qui leur sera la plus commode, pour réciter le chapelet de la Sainte-Vierge.

6° Après le dîner, les Sœurs se récréeront pendant une heure. A la fin de la récréation, elles réciteront un *De profundis* pour les bienfaiteurs défunts, *les litanies de la Sainte-Vierge, le Pater, l'Ave, l'oraison de saint Joseph* pour les bienfaiteurs vivants.

7° Dans l'intervalle qui s'écoulera depuis la fin de la récréation jusqu'au souper, aux heures les plus convenables aux différents emplois, les Sœurs feront : 1° un quart d'heure de lecture spirituelle ; aux jours de congé et pendant les vacances, elles s'en entretiendront pendant les trois quarts d'heure suivants, pour s'exciter à la pratique de la vertu; 2° elles se réuniront pour faire l'oraison du soir, laquelle durera une demi-heure. Dans les pays chauds, elles pourront faire une heure d'oraison le matin, et n'en pas faire le soir.

8° Au commencement ou à la fin de la récréation du soir, qui, comme celle de l'après-dîner, sera d'environ une heure, les Sœurs se rendront au lieu indiqué pour l'entretien de la lecture de table, et recevoir de la Supérieure les ordres nécessaires pour le lendemain.

9° Les Sœurs termineront la journée par l'examen de conscience, par la récitation des litanies de la Sainte-Vierge, d'un *Pater*, d'un *Ave* en l'honneur du Saint protecteur de l'année, ou des litanies des Saints. Après quoi, elles liront le sujet de la méditation du lendemain matin, et iront ensuite se reposer.

10° Depuis la prière du soir jusqu'à la fin des exercices du lendemain matin, elles observeront le silence le plus rigoureux.

11° Les heures des exercices ci-dessus, ainsi que l'entrée et la sortie des écoles, seront fixées par la Supérieure générale, d'après les circonstances des temps et des lieux.

## CHAPITRE III.
*Du repas et des pratiques d'humilité.*

1° La Supérieure dira le *Benedicite* et les grâces en usage dans la Congrégation.

2° Dans les Communautés nombreuses, il y aura deux tables. A la première, on lira pendant tout le repas, et à la seconde, seulement au commencement du repas, pendant environ dix minutes.

3º La lectrice demandera la bénédiction de la Supérieure, et commencera la lecture par un chapitre des présentes Constitutions.

4º Les Sœurs ne se serviront pas elles-mêmes; dans les grandes Communautés, une ou deux Sœurs, et plus s'il est nécessaire, seront chargées de remplir cet office. Dans les petites Communautés, la Supérieure se prêtera elle-même à servir quand il en sera besoin.

5º Il sera facultatif aux Supérieures de leur permettre de prendre quelque chose entre le dîner et le souper.

6º Les actes d'humilité, consistant à faire des prostrations, à baiser les pieds aux Sœurs, à se recommander à leurs prières, à la porte ou dans la chapelle, à dîner à genoux, à prier quelque temps les bras en croix, etc., se feront à la fin de l'examen d'avant le dîner, avant et durant le repas. Les Sœurs tâcheront, par une sainte émulation, de se surpasser les unes les autres en ferveur pour ces saintes pratiques.

7° Les pratiques d'humilité seront imposées aux Sœurs comme pénitence de leurs coulpes, ou comme moyen de pratiquer l'humilité et d'avancer dans la perfection.

## CHAPITRE IV.
*Communions de règle.*

1° Toutes les Sœurs communieront les dimanches et fêtes de précepte, et le jeudi de chaque semaine ; tous les vendredis du Carême et le premier vendredi de chaque mois. Elles communieront encore aux principales fêtes de Notre-Seigneur Jésus-Christ et de la Sainte-Vierge ; aux fêtes de saint Joseph, des Saints

Apôtres, du Saint dont elles ont reçu le nom à leur baptême et à leur vêture, de leur Saint protecteur du mois, et le jour anniversaire de leur profession. Si quelques-unes désirent de communier plus souvent, elles ne le pourront jamais sans l'avis formel du confesseur et la permission de la Supérieure. Les communions des Postulantes et des Novices resteront au jugement de leur Maîtresse et de la Supérieure, d'après l'avis du confesseur.

2° Quant aux infirmes qui ne peuvent se rendre à l'église, on leur portera la sainte communion tous les huit jours.

## CHAPITRE V.
*Des exercices de chaque semaine.*

1° Dans les petites Communautés où les Sœurs n'auront pas de chapelle, elles assisteront, les dimanches et les fêtes, aux offices de la paroisse, ainsi qu'aux prédications qui s'y feront pendant la journée, ne laissant dans la maison que celles qui seront nécessaires pour la garder, ou pour y soigner les malades et les pauvres, s'il y en a.

2° Les Sœurs se ressouviendront de l'obligation qu'elles ont d'être dans le lieu saint, plus que partout ailleurs, par leur modestie et par leur recueillement, l'édification des peuples et la bonne odeur de Jésus-Christ. Elles auront le visage voilé, et tout en elles annoncera un profond respect pour la majesté du Dieu trois fois saint, qui habite dans nos temples, et auront présentes à l'esprit ces paroles du patriarche Jacob : *Que ce lieu est terrible! c'est ici la maison de Dieu et la porte du Ciel.* (Gen., ch. XXVIII, v. 17.)

3° Les Sœurs se confesseront tous les huit jours, ou, pour le plus tard, tous les quinze jours.

4° Elles assisteront au Chapitre que la Supérieure tiendra, autant qu'elle pourra, tous les vendredis, et à la conférence, qui aura lieu tous les dimanches, ou au moins tous les quinze jours.

## CHAPITRE VI.

*Du Chapitre des Coulpes.*

1° La Supérieure de chaque maison tiendra le Chapitre des Coulpes, à l'heure la plus commode, tous les vendredis, autant que possible.

2° Elle commencera le Chapitre par la récitation du *Veni Creator* et de l'oraison du Saint-Esprit. Elle pourra donner les avis généraux qu'elle croira utiles ou nécessaires pour la correction et l'amendement des Sœurs. A la fin de son discours, elle dira : *Sit nomen Domini benedictum*, et les Sœurs achèveront le verset en répondant : *Ex hoc nunc et usque in seculum*. Les Sœurs Converses s'accuseront ensuite les premières, en commençant par la dernière venue. Après qu'elles auront dit successivement leurs Coulpes, elles sortiront du Chapitre. Alors les Sœurs Professes, qui seront restées assises, se mettant à genoux, viendront, les unes après les autres, dire leur Coulpe.

3° Les Sœurs, avant de dire leur Coulpe, abaisseront leur voile, et s'étant mises à genoux, aux pieds de la Supérieure, feront le signe de la croix, baiseront la terre et s'accuseront ensuite d'une voix modeste et bien intelligible.

4° Toutes les Coulpes étant dites, si la Supérieure a quelques avis particuliers à donner aux Sœurs Professes, elle les leur donnera, après quoi, elle dira : *Benedicamus Domino*, et les Sœurs se mettront toutes à genoux, en répondant : *Deo gratias*.

Le signal donné, les Sœurs Converses rentreront au Chapitre, qui se terminera par le psaume *Miserere*, que les Sœurs réciteront les bras en croix.

5° Les Sœurs, en disant leur Coulpe, ne s'accuseront que de leurs fautes ou défauts extérieurs, comme d'avoir manqué au silence, à l'oraison et autres observances ; d'avoir parlé brusquement, commis des impatiences, manqué à la gravité religieuse ; d'avoir parlé contre la charité ou avec orgueil, dit des mensonges ou des paroles peu séantes ; d'avoir refusé quelque service à leurs Sœurs ou au prochain ; d'avoir publiquement murmuré contre les Supérieures, d'avoir négligé leurs avis; de s'être mal acquittées de leur emploi.

6° Les Novices assisteront au Chapitre tenu par leur Maîtresse, et non à celui de la Supérieure.

7° Dans les Communautés nombreuses, si le temps ne permet pas à toutes les Sœurs Professes de dire leurs Coulpes au Chapitre, la Supérieure règlera la chose de telle sorte, que toutes les Sœurs puissent s'accuser au Chapitre au moins de quinze en quinze jours.

8° La Supérieure pourra encore permettre à une ou deux Sœurs de dire leurs Coulpes au commencement de l'examen du soir, excepté les dimanches, les fêtes et les jours de Chapitre. Elles pourront aussi les dire à la fin des conférences et entretiens spirituels.

9° Les Sœurs écouteront avec attention et respect tout ce que la

Supérieure dira au Chapitre, pour leur instruction commune, ou pour leur correction particulière. Il leur est défendu de répondre pour contester ou s'excuser, à moins que la Supérieure ne les interroge, ou ne leur ordonne de parler pour dire leur raison.

10° La Supérieure pourra imposer prudemment des pénitences conformes aux fautes de ses inférieures, comme serait de leur ordonner quelques prières ou lectures spirituelles, une méditation extraordinaire, de baiser la terre, de se tenir quelque temps à genoux, ou bien d'être privées des récréations, des assemblées communes pendant quelques jours, de quelques communions, de quelques portions de nourriture à table, ou bien encore de manger à terre au réfectoire, de baiser les pieds aux Sœurs, ou toute autre semblables peines que la Supérieure trouvera propres à la correction et à l'amendement des Sœurs.

## CHAPITRE VII.
### *Des exercices de chaque mois.*

1° Le premier jour du mois, à la fin de l'action de grâces de la sainte Communion, que les Sœurs feront pour obtenir de Dieu la grâce de le passer dans une nouvelle ferveur, la Supérieure ou une autre Sœur lira à haute voix les protestations, et chacune les suivra de cœur et d'intention.

2° La communion et le chapelet du premier dimanche de chaque mois seront pour notre Saint-Père le Pape; ceux du second dimanche pour la Supérieure générale ; ceux du troisième pour la Supérieure immédiate.

3° Le premier dimanche du mois,

à l'heure indiquée par la Supérieure, les Sœurs de chaque emploi, s'étant réunies, réciteront le *Veni Creator*, et feront ensuite une petite conférence spirituelle, qu'elles termineront en convenant de pratiquer une vertu particulière, et se rendront compte le mois suivant de la manière dont elles s'en seront acquittées. Elles se donneront mutuellement des avertissements, et conviendront que si elles se surprenaient à commettre quelques fautes, elles se reprendront sur-le-champ. Celle qui aura fait une faute, dira un *Ave Maria* pour celle qui l'aura reprise.

4° Au premier ou au dernier jour du mois, les Sœurs prendront, au sort et à genoux aux pieds de la Supérieure, un Saint protecteur pour tout le mois. Elles l'invoqueront avec confiance, et tâcheront d'être fidèles à la pratique indiquée dans la vie du Saint qui leur est échu.

5° La dernière méditation du mois se fera en forme d'examen, afin que les Sœurs voient où elles en sont pour la correction de leurs défauts, et pour leur avancement dans la pratique des vertus. Elles s'humilieront ensuite des fautes commises, remercieront Dieu de ses grâces, et de leurs progrès, si elles en ont remarqué.

6° Les Sœurs Professes pourront rendre compte, chaque mois, et plus souvent s'il est nécessaire, à leur Supérieure immédiate, et à la Supérieure générale, au temps de sa visite. Ce compte renfermera les fautes extérieures contre les Constitutions, et tout ce qui concerne leur avancement dans la perfection.

## CHAPITRE VIII.

*Des exercices et pratiques de chaque année.*

1° Au commencement de l'année, à la demande de la Supérieure, le confesseur ordinaire de la maison choisira, d'après les inspirations de sa piété, un Saint protecteur, et le donnera à la Communauté pour l'année tout entière.

2° La fête de saint Joseph, celle de la Visitation et celle de l'Immaculée-Conception de Marie seront célébrées avec une dévotion toute particulière. Pour cela, les Sœurs s'y prépareront par trois jours de récollection, durant lesquels elles garderont un silence plus rigoureux, ne parlant, hors du temps des récréations, que dans le cas d'une vraie nécessité. Elles ne recevront ni ne rendront, ces jours-là, aucune visite sans de graves raisons. En temps de récollection, les Sœurs feront aussi une demi-heure de méditation extraordinaire.

3º Elles renouvelleront leurs vœux le jour de la Visitation, immédiatement avant de recevoir la sainte communion, en répétant la formule de leur profession. Les Sœurs Converses, qui ont fait leurs vœux perpétuels, diront : *Mon Dieu, je renouvelle mes vœux de pauvreté, de chasteté et d'obéissance, espérant, avec votre sainte grâce, les observer fidèlement toute ma vie.* Quand elles feront leurs vœux annuels, elles diront : *Mon Dieu, je fais vœu de pauvreté, de chasteté et d'obéissance, en la Congrégation des Sœurs de Saint-Joseph, sous la protection de l'Immaculée Mère de Dieu, pour un an* (ou *perpétuels*, si c'est pour toujours), *et j'espère avec la grâce de Dieu les observer fidèlement.*

4° Depuis l'Ascension jusqu'à la Pentecôte, les Sœurs feront demi-heure d'oraison extraordinaire pour invoquer le Saint-Esprit, qui est le principe de toutes les grâces et de toutes les vertus nécessaires à leur salut.

5° Elles jeûneront : 1° la veille de la fête du Sacré-Cœur de Jésus, pour obtenir l'amour de Dieu et la grâce d'imiter la douceur et l'humilité de ce divin Cœur; 2° la veille de la Visitation de la Sainte-Vierge, afin de se préparer à la rénovation de leurs vœux; 3° la veille de l'Immaculée-Conception, pour attirer sur leur Congrégation la protection de la très pure Vierge Marie.

6° Les Sœurs feront chaque année, pendant le temps des vacances, les saints exercices de la retraite, durant l'espace de six ou huit jours. A l'époque désignée, elles se rendront toutes dans la maison principale du diocèse. Les Sœurs qui, pour de bonnes raisons, seront dispensées d'assister à la retraite générale, la feront en leur particulier, au temps qui leur sera fixé par la Supérieure.

7° Pendant leur retraite, elles feront une confession annuelle.

8° Durant toute la Semaine-Sainte, à dater du lundi jusqu'au samedi-saint, elles supprimeront leurs récréations ordinaires, afin de s'appliquer avec plus d'affection et de componction à méditer la Passion et la mort du Sauveur. Elles prendront aussi la discipline le mercredi, le jeudi et le vendredi saints.

9° Pendant tout le Carême, et spécialement durant la Semaine-Sainte, chacune redoublera de ferveur pour les pratiques d'humilité et la mortification des sens.

# TROISIÈME PARTIE

CONSTITUTIONS COMMUNES A TOUTES LES SOEURS,
ET CONSTITUTIONS PARTICULIÈRES
POUR LES OFFICIÈRES SUBALTERNES.

## CHAPITRE PREMIER.
*Devoirs envers soi-même.*

1° Chaque Sœur emploiera tout le temps fixé pour l'oraison, l'examen, la lecture spirituelle et pour les autres exercices prescrits.

2° Toutes se confesseront, au jour désigné, au confesseur ordinaire. Quand le confesseur extraordinaire viendra à la maison, au temps marqué par le concile de Trente et les Constitutions apostoliques, chacune s'adressera à lui avec une entière liberté selon ses besoins ; mais aucune ne lui parlera hors du confessionnal.

3° Personne ne fera en public aucune pratique d'humilité ni aucune pénitence sans la permission de la Supérieure, et aucune pénitence en particulier sans la permission du confesseur.

4° Aucune ne pourra garder, en son particulier, de l'argent ou toute autre chose, ni le déposer entre les mains de qui que ce soit.

5° Personne ne s'appropriera aucune chose de la maison ni ne se servira de ce dont une autre aura l'usage. On n'acceptera rien des étrangers, en aucune manière, ni pour soi ni pour d'autres, non plus que pour la Communauté, sans une permission, au moins tacite, de la Supérieure, quand il ne sera pas possible de faire autrement. Que tout soit aussitôt mis entre les mains de la Supérieure qui en disposera comme bon lui semblera, sans que la Sœur, à qui la chose a été donnée, ait rien à réclamer à cet égard.

6° S'il y a des chambres pour chaque Sœur, aucune ne fermera tellement la sienne qu'on ne puisse l'ouvrir de dehors, ni ne fermera rien sous clef sans la permission de la Supérieure.

7° Aucune, par respect pour la sainte modestie, ne dormira sans être convenablement couverte, ni ne sortira du dortoir sans être décemment habillée.

8° A l'heure marquée, au premier son de la cloche, au moindre signe des Supérieures, toutes se rendront au lieu où on les appellera.

9° Personne ne mangera ni ne boira hors des repas ordinaires, sans la permission de la Supérieure.

10° Dans les maladies, chacune obéira aux médecins et aux infirmières. De plus, la malade devra montrer beaucoup de résignation et de patience.

11° Quand quelqu'une sera envoyée d'un lieu à un autre, elle n'emportera rien sans la permission de la Supérieure.

12° Hors le temps de la récréation, les Sœurs éviteront toutes conversations inutiles, et ne parleront que pour l'exercice de leurs emplois ou pour quelque nécessité personnelle, ce qu'elles feront pourtant à voix basse. Mais elles garderont un silence exact au réfectoire, aux dortoirs et aux corridors.

13° Toutes auront soin de la propreté, soit en leur personne, soit en toute autre chose.

## CHAPITRE II.

*Devoirs envers la Supérieure.*

1° Toutes les Sœurs auront un

grand respect, une grande confiance envers leurs Supérieures ; elles honoreront Jésus en leur personne, et les aimeront comme leurs mères. Dans leurs nécessités temporelles et spirituelles, elles auront recours à elles, avec la même simplicité qu'une enfant qui va à sa mère.

2° Devant leurs Supérieures, toutes les Sœurs se lèveront et s'inclineront, comme aussi les Novices devant leurs Maîtresses. Chacune parlera avec un grand respect aux Supérieures, et celle à qui la Supérieure adressera la parole l'écoutera attentivement sans l'interrompre.

3° Chacune, attentive sur elle-même, se renfermera dans son emploi et attendra tout ce qui sera décidé par rapport à elle ou aux autres.

4° Celle qui éprouvera un refus de la part d'une Supérieure ou d'une Sœur en charge, ne s'adressera point pour le même objet à une autre, sans lui déclarer en même temps la réponse qui lui a été faite.

5° La Sœur à qui il surviendra un empêchement dans son emploi en avertira de bonne heure la Supérieure ou l'assistante, afin qu'il ne reste pas sans être pourvu.

## CHAPITRE III.
*Devoirs envers les compagnes.*

1° Aucune Sœur ne commandera aux autres qu'en vertu de l'autorité de la Supérieure, ni ne s'ingèrera dans leurs offices, ni n'entrera dans les lieux qui y sont destinés, sans la permission de la Supérieure ou de l'Officière elle-même en cas de nécessité pressante.

2° Deux Sœurs ne pourront jamais s'entretenir seules, à l'écart de la Communauté, dans leur chambre ou ailleurs, sans la permission de la Supérieure.

3° Aucune Sœur, soit Supérieure soit inférieure, n'entretiendra de correspondance par lettres avec un autre membre de la Société, sans la permission de la Supérieure générale. Les Sœurs qui habitent la même maison ne pourront s'écrire ni lettre ni billet, sans la permission de leur Supérieure.

4° Afin de conserver la gravité et la modestie religieuses, les Sœurs ne se toucheront jamais l'une l'autre, pas même par jeu.

5° Toutes, en se rencontrant, se salueront réciproquement par une petite inclination. Pendant le temps du repas, on ne s'inclinera que devant la Supérieure. Si quelqu'une manque de quelque chose, sa plus proche voisine en avertira la Sœur qui est de service.

## CHAPITRE IV.

*Règles à suivre à l'égard des personnes du dehors.*

1° Dans la maison, les Sœurs ne parleront jamais aux personnes du dehors, sans la permission de la Supérieure.

2° Elles ne pourront ni recevoir ni écrire de lettres sans la même permission. Toutes les lettres écrites, toutes les lettres reçues seront remises entre les mains de la Supérieure, qui en prendra connaissance avant de les faire parvenir à leur destination. Les lettres adressées à l'Evêque et au confesseur ne sont pas comprises dans cette disposition.

3° Aucune, à l'insu de la Supérieure, ne transmettra les commissions, les lettres des étrangers à ses compagnes, ni de ses compagnes aux étrangers. Si quelqu'une voulait raconter une nouvelle apprise du dehors, qu'elle ne le fasse jamais sans qu'il y ait quelque utilité, et en se gardant bien de blesser la charité.

4° Elles ne parleront jamais aux étrangers, sans l'agrément de la Supérieure, de ce qui se fait ou doit se faire dans la maison. Elles ne pourront non plus communiquer les manuscrits, moins encore les Constitutions, sans la permission de la Supérieure. Les Constitutions devront être communiquées aux Evêques toutes les fois qu'ils les demanderont.

5° Aucune Sœur n'enverra ni ne donnera par écrit, aux personnes du dehors ou à celles de la maison, des instructions spirituelles, à moins que la Supérieure ne le trouve bon.

6° Aucune ne demandera des conseils aux personnes du dehors, sans la permission de la Supérieure. L'Evêque et le confesseur ne doivent pas être considérés comme des étrangers.

7° Aucune, sans la permission et le consentement de la Supérieure, ne se chargera de quelque affaire que ce soit, quand même il s'agirait d'une bonne œuvre.

8° Personne n'ira au parloir que lorsque la Supérieure le jugera à propos et avec la Sœur qu'elle aura désignée pour auditrice. Elles y resteront le moins possible, et rendront ensuite compte à la Supérieure de ce qui s'y sera passé, si la chose le demande.

## CHAPITRE V.
*Des sorties en ville.*

1° Les Sœurs, en passant dans les rues ou tout autre lieu fréquenté, auront, autant que possible, le visage voilé, les yeux baissés et une démarche grave et modeste. S'il n'est pas nécessaire de parler, elles garderont le silence.

2º Arrivés chez les personnes avec qui elles auront à faire, elles resteront ensemble, à moins qu'elles n'aient la permission d'en user autrement. Elles traiteront ensuite avec politesse, brièveté et modestie. En rentrant, elles rendront compte à la Supérieure de ce qui se sera passé.

3º Etant dehors, aucune Sœur ne s'émancipera au point d'aller en d'autres lieux et chez d'autres personnes que celles auprès desquelles elle est envoyée, et cela sous peine d'être sévèrement punie.

4º Il est défendu d'accepter d'invitation à boire ou à manger dehors, dans le lieu de la résidence, non plus que dans le voisinage. Les Sœurs éviteront aussi de manger, sans quelque nécessité, dans les Communautés qui n'appartiennent pas à la Congrégation. Dans les hospices où les Sœurs n'ont que le couvert, par respect pour le bien des pauvres, elles s'abstiendront d'inviter trop souvent les Sœurs même de leur Institut.

5° Les promenades seront fixées par la Supérieure selon les besoins des Sœurs, les coutumes des temps et des lieux. On pourra cependant, ordinairement, en faire une ou deux par semaine, selon la volonté de la Supérieure. Pendant les vacances, elles seront plus fréquentes, si elle le juge à propos.

6° Les Sœurs traverseront la ville deux à deux ou quatre à quatre; ensuite elles se réuniront toutes, et aucune ne se séparera de ses compagnes de manière à les perdre de vue.

7° Elles choisiront, pour leurs promenades, les lieux qui ne sont pas fréquentés par les gens du monde, les prolongeant selon les ordres de la

Supérieure, mais elles ne dépasseront jamais, en cela, par un esprit de légèreté, les bornes de la bienséance religieuse. Elles auront soin, sur toute chose, d'être toujours rentrées dans leurs maisons avant la nuit.

8° Pendant la promenade, les Sœurs auront la liberté de parler. Leur conversation sera gaie, mais entremêlée de quelques réflexions pieuses.

9° Tout's éviteront les imprudences qui pourraient nuire à la santé.

## CHAPITRE VI.

*Des voyages.*

1° Toutes les Sœurs se persuaderont que les voyages, surtout pour les personnes consacrées à Dieu, sont ordinairement nuisibles à l'âme, en la détournant de la vie intérieure par les occasions de dissipation qui s'y rencontrent. Elles considèreront aussi la dépense occasionnée par les voyages. C'est pourquoi les voyages de pur agrément et les courses qui excèderaient les promenades ordinaires sont interdites aux Sœurs, à la Supérieure comme aux autres. La Supérieure principale pourra, néanmoins, autoriser les Sœurs à faire les voyages nécessaires et de la manière qu'elle jugera plus convenable.

2° Les Sœurs, en voyage, seront toujours deux, à moins qu'elles ne fussent accompagnées par une personne de confiance.

3° Dans les voitures publiques, les Sœurs garderont le silence, à moins que la bienséance ou la charité ne les oblige à parler. Elles s'efforceront alors d'édifier par leur modestie, par la prudence et la sainteté de leurs discours. Elles préfèreront toujours la réputation de bonne religieuse à celle de femme d'esprit.

4° Dans les voyages, lorsqu'elles trouveront une maison de l'Institut, elles y logeront, et jamais ailleurs, fût-ce même dans la maison de leur propre père, sinon elles feront tout ce qu'elles pourront pour avoir un logement convenable à des personnes consacrées à Dieu. Dans celles des maisons de la Congrégation où elles seront arrivées, elles seront en tout sous l'obéissance de la Supérieure, et si quelqu'une vient pour traiter d'affaire, elle se conduira par l'avis de la Supérieure, à moins qu'elle n'ait reçu des ordres contraires.

5° Les Sœurs, même en voyage, éviteront avec soin de parcourir les villes pour contenter leur curiosité, comme font les gens du monde. Elles pourront seulement visiter les églises et autres monuments religieux, ainsi que les institutions de charité, dont la connaissance peut leur être utile.

6° Quand il s'agira d'aller dans un diocèse étranger, elles devront avoir une lettre d'obédience, signée par l'Evêque du diocèse. Lorsqu'elles iront dans une autre maison du même diocèse, il suffira que la lettre d'obédience soit signée par la Supérieure générale.

7° Les voyages chez leurs parents et les personnes de leur connaissance, sont interdits aux Sœurs. L'Evêque diocésain pourra seul dispenser de cette règle, pour de justes raisons.

## CHAPITRE VII.

*Règles particulières pour les Novices et les Prétendantes.*

1° Les Prétendantes, étant entrées dans la Maison, feront, sous leur habit séculier, tous les exercices de la Communauté ; mais elles ne pourront être reçues parmi les Novices, que lorsqu'elles auront pris l'habit. Elles ne laisseront pourtant pas de s'accoutumer de bonne heure à dire leurs coulpes, au temps où il est d'usage de le faire.

2° Elles feront aussi une confession générale ou une revue, suivant qu'il leur sera conseillé par le confesseur de la Maison, afin qu'elles commencent ensuite une vie toute nouvelle dans le service de Dieu. Elles feront cette confession immédiatement avant de prendre le saint habit, ou plus tôt, si le confesseur le juge à propos.

3° Elles feront leurs efforts, par leur application à s'instruire des Constitutions et des usages de la Maison, par leur exactitude à les suivre, par leur fidélité à se corriger de leurs défauts, par leur docilité aux avis qu'elles recevront, de se rendre dignes de prendre le saint habit, qui leur sera donné lorsqu'on trouvera en elles les dispositions nécessaires. Elles ne le demanderont pas ; mais elles pourront manifester le désir d'en être revêtues ; et, si l'on jugeait à propos de prolonger l'épreuve au-delà de trois mois, elles s'y soumettraient avec humilité.

4° Jusqu'à la fin de la première année du noviciat, les Prétendantes et les Novices rendront compte de leurs dispositions, une fois la semaine, à la Maîtresse des Novices, et, depuis la fin de la première année, jusqu'à l'émission des vœux perpétuels, elles le feront de quinze en quinze jours.

5° Les Prétendantes, les Novices et les Sœurs aspirantes, s'adresseront, pour toutes leurs nécessités spirituelles et temporelles, à la Maîtresse des Novices, comme aussi pour toutes leurs permissions, excepté en la présence de la Supérieure, à laquelle elles s'adresseront alors.

6° Quand la Supérieure, ou la Maîtresse, parlera à une Novice, celle-ci se tiendra debout. Lorsqu'elles lui feront une réprimande, elle se mettra incontinent à genoux, écoutera en silence, avec humilité et douceur, les avis qui lui seront donnés, les observations et les corrections qui lui seront faites.

7° Les Novices devront se regarder comme les dernières de toutes, et avoir pour les Sœurs Professes, beaucoup de respect.

8° Les Novices éviteront avec soin d'avoir entre elles aucune amitié particulière, et ne s'en donneront jamais des marques extérieures.

9° Les Novices considéreront la docilité et la simplicité comme les meilleures dispositions pour faire des progrès rapides dans la perfection.

Elles feront connaître leurs antécédents, autant qu'il sera nécessaire, pour faire juger de leur vocation, et être dirigées selon les besoins de leur âme. Elles ne seront pourtant pas obligées à déclarer les fautes secrètes, qui sont du ressort de la confession, et qui en sont la matière. Elles rendront encore compte, à leur Maîtresse, de la méthode et conduite qu'elles gardent en la pratique des exercices spirituels, spécialement en l'oraison et en l'examen de conscience. Elles suivront avec docilité les avis de leurs Maîtresses, à qui elles s'abandonneront, afin qu'elles guident leurs premiers pas dans le sentier de la vertu. Elles se dépouilleront de toutes leurs manières de voir et de faire, pour se jeter dans le moule des règles, des usages et des méthodes de la Congrégation.

10° L'humilité étant comme la

base et le fondement de tout l'édifice spirituel qu'elles se proposeront d'élever, il est absolument nécessaire que les Novices travaillent, de bonne heure, à acquérir cette vertu. Elles devront non-seulement entrer dans des sentiments de mépris d'elles-mêmes, mais encore s'exercer à recevoir avec une sincère reconnaissance, et sans excuse, les reproches et les avertissements qui leur seront donnés, de quelque part qu'ils viennent. Afin de ne pas se mettre dans le cas d'être ménagées, elles prieront leurs Maîtresses, et même la Supérieure, de les aider, en leur fournissant des occasions de surmonter leur amour-propre ; elles-mêmes tâcheront de ne se point épargner.

11° La règle étant, pour toute religieuse, l'expression de la volonté de Dieu, les Novices s'attacheront à l'observer exactement ; le Saint-

Esprit nous assure que : *Celui qui néglige les petites choses tombera peu à peu dans des fautes plus grandes.* (Eccl., ch. XIX, v. 1.) C'est pourquoi les Novices liront et méditeront attentivement les Constitutions, et le présent chapitre sera lu, au noviciat, au moins une fois la semaine. Elles travailleront aussi à rompre leur volonté, en obéissant à tous les ordres, commandements et défenses qui leur seront faits, s'efforçant surtout d'obéir non-seulement d'action et de volonté, mais encore d'esprit et d'intelligence, persuadées que, dans la vraie obéissance, elles trouveront également la perfection et le repos du cœur.

12° Les Novices se rappelleront ces paroles de l'Apôtre : *Ceux qui appartiennent à Jésus-Christ ont crucifié leur chair avec ses passions et ses désirs déréglés.* (Gal., ch. v, v. 24.)

Elles s'appliqueront sérieusement à la mortification de leurs sens et de leurs passions, afin que l'édifice de leur perfection soit basé sur le mépris de soi-même.

13° Dès leur entrée, les Novices s'appliqueront à la connaissance de la vie du divin Maître.

## CHAPITRE VIII.

*Des règles pour les Sœurs Converses.*

1° Les Sœurs Converses, en entrant dans la Congrégation, devront avoir en vue de servir Dieu avec zèle et simplicité, se sanctifiant elles-mêmes par la prière, la pauvreté, l'obéissance et l'exercice des emplois qui leur seront confiés, quelque pénibles qu'ils paraissent à la nature.

2° Ce qui devra distinguer une Sœur Converse, c'est l'amour de la vie humble et cachée, du travail, de l'économie, de l'ordre et de la propreté, ainsi qu'une obéissance prompte et une docilité entière aux ordres de la Supérieure et de celles qui seront préposées pour tenir sa place, telles que l'Assistante, l'Econome, la Dépensière, etc.

3° Les Sœurs Converses, dans l'intérêt de leur avancement spirituel, nourriront en elles les sentiments d'une véritable humilité, en regardant toutes les Sœurs de la Maison comme au-dessus d'elles, et en ayant pour toutes, les égards, la déférence et le respect convenables.

4° Elles auront soin d'entretenir l'union et la paix entre elles, évitant toute parole, tout procédé rude et grossier; mais elles se préviendront par toutes sortes de bons offices, se supportant, s'entr'aidant et s'aimant les unes les autres.

5° Elles s'appliqueront à sanctifier

leurs actions par la pureté d'intention, évitant également avec soin la dissipation et la précipitation.

6° Elles mettront de l'exactitude et de la diligence dans l'exercice de leurs emplois. Elles seront fidèles à ne rien prendre pour leur usage particulier, et à ne rien prêter ou donner de ce qui leur aura été confié, sans en avoir obtenu la permission.

7° Celles d'entre les Sœurs Converses qui seront chargées de préparer les aliments, s'informeront dès le soir, auprès de l'Assistante ou de la Supérieure, de ce qu'elles devront faire pour le lendemain, et elles prendront si bien leurs mesures, que tout soit prêt à l'heure marquée.

8° Elles conserveront avec soin les restes rapportés des tables, qui serviront ensuite à la nourriture des personnes de la maison ou des pauvres, selon la disposition de la Supérieure ou de celle qui sera chargée de ce soin.

9° Elles emploieront avec une grande économie le bois, le charbon et autres objets qui concernent leur office, conservant en cela, comme en l'assaisonnement des mets, l'esprit de la pauvreté religieuse.

## CHAPITRE IX.

*Règles pour les Sœurs Institutrices.*

Un des plus efficaces moyens pour procurer la gloire de Dieu, c'est la bonne éducation des filles. Les principes religieux, une fois profondément gravés dans le cœur, ne s'effacent jamais; ils empêchent beaucoup d'égarements, produisent de grandes vertus, et dans les écarts, ils accélèrent ordinairement le retour. Le bonheur ou le malheur des familles est entre les mains des femmes. Ces raisons, bien pesées et appréciées, feront sentir aux Sœurs Institutrices toute l'importance de la tâche qu'elles ont à remplir auprès de leurs élèves.

1° Elles se rappelleront souvent les exemples et les paroles du divin Sauveur : *Laissez venir à moi les petits enfants et ne les empêchez point, car c'est à leurs semblables que le royaume de Dieu appartient.* (S. Luc, ch. XVIII, v. 16.) Elles s'appliqueront, par amour pour le divin Maître, à être pour leurs disciples des modèles vivants des plus solides vertus.

2° Ainsi le but qu'elles devront se proposer sera moins de cultiver et d'embellir l'esprit de leurs élèves par les connaissances humaines, que de former leur cœur à l'amour de la Religion et de toutes les vertus qu'elle inspire.

3° Elles auront pour la Supérieure

et pour la Maîtresse principale de chaque établissement, un grand respect, une entière soumission et dépendance, prenant garde surtout de ne jamais s'affranchir dans leurs classes, du joug de l'obéissance qui les oblige là comme ailleurs.

4° Les Sœurs Institutrices seront fort vigilantes pour remédier aux moindres désordres, fermes pour arrêter le mal, prudentes pour le prévenir, douces et condescendantes pour gagner, par la charité, les cœurs à Jésus-Christ.

5° Pour l'instruction et pour la tenue des classes, elles suivront la méthode adoptée dans la Congrégation et approuvée par l'Ordinaire.

6° Tous les dimanches, les Sœurs de chaque emploi se réuniront, pour conférer ensemble sur tout ce qui regarde la bonne tenue de leurs classes. Cette conférence sera présidée par la Maîtresse principale.

7° Comme l'union devra régner entre elles, si quelqu'une se sentait sujette à un défaut propre à troubler cette union, elle fera son possible pour s'en corriger. Cependant ses compagnes la supporteront avec douceur et charité.

8° Dans leurs emplois, elles observeront et feront observer ponctuellement la Règle des écoles ou du pensionnat, n'ajoutant rien, n'innovant rien, à moins que, pour de bonnes raisons, elles n'en aient de la Supérieure, ou de la Maîtresse principale, une autorisation expresse.

9° Elles seront fidèles à préparer avec soin les leçons qu'elles devront donner. Elles s'appliqueront à être claires, précises, et à enseigner méthodiquement.

10° Un de leurs soins devra être de gagner le cœur ainsi que la confiance des élèves. Elles montreront à toutes de l'aménité, de la douceur et de la bonté, les portant au bien, encourageant leurs efforts, ayant soin surtout de ne mettre d'autre distinction entre elles que celle de la vertu et de la bonne conduite.

11° Quand elles seront autorisées à recevoir les confidences intimes des élèves, elles montreront toujours une grande prudence, accueillant ces ouvertures de cœur avec tout l'intérêt d'une mère, ne s'en servant que pour le bien des élèves, le maintien des bonnes mœurs et de la religion. L'objet de ces ouvertures, toutes facultatives de la part des élèves, ne regardera que les peines intérieures, les défauts à corriger, etc., et non point les choses qui sont purement du ressort de la confession, ni celles qui se passent dans l'intérieur des familles.

12° Si les Sœurs doivent faciliter la confiance des élèves, autant devront-elles éviter de contracter de la familiarité avec elles, tempérant toujours les bontés qu'elles leur témoigneront, par la dignité, la modestie qu'exige la sainteté de leur état.

13° Elles veilleront attentivement sur le travail des élèves, pour en bannir l'oisiveté et la nonchalance. Quant à celles dont la santé sera délicate, elles éviteront avec soin de les pousser à un excès de travail.

14° En général, elles conduiront leurs élèves par la douceur, le sentiment, la foi et la raison, et, quand il faudra punir, elles le feront avec une prudence mêlée de ménagement et de fermeté.

15° Dans les punitions, elles veilleront attentivement sur elles-mêmes, pour réprimer tout mouvement extérieur de vivacité ; jamais elles ne se permettront d'en frapper aucune. Elles ne se serviront jamais de paroles injurieuses, de manières méprisantes, ayant soin que les punitions soient proportionnées aux fautes, évitant de trop pousser une élève indocile, de crainte de compromettre leur autorité.

16° Pour les punitions extraordinaires, elles auront recours à la Maîtresse principale ou à la Supérieure.

17° Elles veilleront sur elles-mêmes, afin de ne pas contracter dans les manières un ton tranchant et impérieux, défaut auquel expose la fonction d'institutrice.

## CHAPITRE X.

*Des règles pour les Sœurs Hospitalières.*

Celles des Sœurs qui seront employées à la visite des pauvres et malades à domicile, qui les soigneront dans les hospices, les hôpitaux, se mettront en la mémoire ces paroles de l'Esprit-Saint : *Ne sois point paresseux à visiter les malades, car tu t'affermiras ainsi dans la charité.* (Eccl., ch. VII, v. 39.) Pour mériter l'effet de cette promesse, les Sœurs auront une grande fidélité à bien accomplir les règles suivantes :

1° Les Sœurs, en considérant le soin des malades comme l'une des principales fonctions de l'Institut, devront s'estimer heureuses de la part qui leur est échue. Néanmoins, elles ne s'y livreront pas de telle sorte que, sous prétexte de charité, elles négligent leurs exercices spirituels. Elles se rappelleront que si elles ne sont de ferventes religieuses, elles ne sauront être longtemps des hospitalières dévouées. Dans le spectacle des infirmités humaines, et de la mort qui frappera si fréquemment à leurs côtés, elles trouveront une ample matière aux plus sérieuses réflexions sur la fragilité de la vie et sur la nécessité d'être toujours en état de paraître devant Dieu.

2° Les Sœurs, en servant les malades, se souviendront que c'est Jésus-Christ lui-même qu'elles servent en leur personne. Elles seront remplies non-seulement de compassion et de charité à leur égard, mais d'un véritable respect. Elles les soigneront avec zèle et dévouement, et supporteront avec douceur et patience les fatigues et l'humeur souvent fâcheuse des malades. Elles les consoleront, les tiendront dans la plus grande propreté, et pourvoiront à leurs besoins sans distinction de condition, d'âge, de caractère, de maladie, de croyance même. Elles seront redevables à tous pour les gagner tous à Jésus-Christ.

3° Les Sœurs ne souffriront jamais qu'on profère devant elles des juremens, des blasphêmes, des imprécations, qu'on tienne des propos indécents, qu'on se permette des manières libres, etc. S'il arrivait que l'autorité des Sœurs fût insuffisante pour corriger ceux qui se laisseraient aller à ces désordres, elles en avertiraient la Supérieure, qui porterait ses plaintes à MM. les Administrateurs, afin qu'ils prissent des mesures pour les faire cesser. Les Sœurs veilleront, sur toute chose, à l'exacte séparation des sexes.

4° Elles seront attentives à faire observer le Règlement, particulièrement en ce qui concerne la prière du matin et du soir, et celle d'avant et d'après le repas. Elles veilleront à ce que toutes les personnes de la maison fréquentent les sacrements ; elles instruiront des vérités de la religion ceux qui les ignorent, et s'efforceront d'amener à la pratique des devoirs du christianisme ceux qui en sont éloignés. Elles mettront tout leur zèle à faire recevoir les derniers sacrements aux malades qui seront en danger, et les prépareront à faire saintement cette action de laquelle dépend leur avenir éternel. Les Sœurs devront redoubler de charité à l'approche du moment suprême ; elles n'abandonneront plus alors les malades ; elles s'appliqueront à exciter dans leur cœur, des sentiments de foi, de contrition, de confiance et d'amour de Dieu.

5° Les Sœurs s'attacheront aussi à édifier les personnes qui visitent l'hôpital ; elles s'abstiendront de s'entretenir avec elles des nouvelles du dehors, comme aussi de ce qui se passe dans l'intérieur de la Maison. Elles éviteront de prolonger inutilement les conversations, et suivront les règles prescrites à toutes les Sœurs touchant les entretiens et les visites.

6° Elles auront pour les médecins les égards qui leur sont dus, ce qu'elles feront particulièrement en se conformant à leurs prescriptions, en recevant leurs avis; elles leur communiqueront leurs observations sur chaque malade. Là devront se borner les rapports des Sœurs avec les médecins, les autres deviendraient inutiles et dangereux. Il en serait de même des conversations avec les Administrateurs et les garde-malades, lorsqu'elles n'auraient pas un but de vraie nécessité.

7° Les biens des hospices, des hôpitaux sont le trésor des pauvres : les Sœurs, en ce qui regarde leurs attributions, en auront le plus grand soin. Elles les administreront avec économie, se bornant à ce qui est nécessaire pour leur usage personnel, et quant aux pauvres, à ce qui est prescrit par le Règlement ou par MM. les Administrateurs.

8° Elles s'acquitteront de ces devoirs avec un air de contentement, de sérénité, qui annonce que c'est de bon cœur qu'elles les remplissent. Elles se tiendront dans la modestie, la réserve, la gravité qui conviennent à des épouses de Jésus-Christ. Jamais elles ne paraîtront devant les pauvres, sans être revêtues de leur costume. Elles éviteront toute familiarité avec les malades. En un mot, elles se rappelleront que, dans cet emploi plus que dans tout autre, elles sont en spectacle à Dieu, aux anges et aux hommes.

9° Il n'y a que les hospices de

femmes dont les Sœurs puissent prendre la direction.

## CHAPITRE XI.

*Règles pour les Sœurs directrices des réunions de piété.*

Dans tous les lieux où il y a des maisons de l'Institut, les Sœurs feront en sorte d'y établir des réunions de femmes et de filles pieuses, qui se rendront, au jour convenu, en un lieu indiqué, pour y être instruites de leurs devoirs et encouragées à la pratique de la vertu. C'est pourquoi les Sœurs directrices seront fidèles à ce qui suit :

1° Elles seront exactes à faire observer le Règlement adopté, et demeureront toujours soumises à la Supérieure, agissant, en tout ce qui concerne la direction de l'œuvre confiée à leurs soins, avec une parfaite soumission et dépendance de sa volonté.

2° S'il venait à la pensée d'une Sœur directrice quelque idée utile à l'avancement de la gloire de Dieu et au bien de l'œuvre, elle soumettra tout à la Supérieure, avant de faire aucune démarche auprès de qui que ce soit, se conformant en tout à sa décision.

3° Elles demanderont souvent à Dieu les lumières de son Saint-Esprit, particulièrement aux jours des réunions, afin d'instruire et de corriger utilement les personnes à qui elles devront parler.

4° Elles auront beaucoup d'égards pour tous les membres des réunions, les traitant avec douceur et politesse ; mais elles conserveront toujours la gravité religieuse, et ne se familiariseront jamais avec personne.

5° Elles seront prudentes dans

leurs rapports et leurs entretiens avec les membres des réunions. Elles éviteront de s'initier dans ce qui concerne l'intérieur des familles. Elles se contenteront d'engager, par des avis généraux, les femmes mariées à s'occuper non-seulement de leur propre sanctification, mais encore à gagner, par leur douceur et leurs prières, leurs maris à Dieu ; à élever leurs enfants dans la piété et la haine du péché ; à instruire et corriger leurs domestiques, ne souffrant aucun dérèglement en eux. Elles les engageront même à veiller sur leur voisinage, pour en détourner tout le mal, et y faire faire tout le bien qu'elles pourront.

6° Si quelqu'une des associées s'adressait à la Sœur directrice pour lui faire quelque confidence que la prudence ne lui permettrait pas de recevoir, ou qui n'aurait aucun but utile, elle s'en excuserait poliment et, si le cas le requérait, elle la prierait de s'adresser, pour cela, à son confesseur.

7° Elles inspireront aux veuves l'esprit de mortification et de patience; aux servantes, l'esprit d'obéissance et de soumission, la fidélité, la patience, l'exactitude à leurs prières du matin et du soir; aux jeunes filles et demoiselles, une vie pleine d'innocence, de vertu, de modestie, de piété, d'humilité, avec une grande aversion de la vanité et de tout ce qui peut être tant soit peu contraire à la pudeur et à la bienséance.

## CHAPITRE XII.

*Des règles pour la Sœur chargée du soin des pauvres à domicile.*

1° La Sœur qui sera chargée du

soin des pauvres, s'appliquera à exercer cet emploi avec grand zèle, un grand désir de s'en acquitter de manière à les soulager efficacement.

2° Elle lira les règles de l'Econome, et les suivra en ce qui peut la concerner.

3° Elle aura une cassette, ou armoire, qui fermera à clef, pour y tenir l'argent des pauvres, qu'elle ne mêlera jamais avec celui de la Maison.

4° Elle aura une chambre, ou grenier, fermé à clef, pour y tenir les provisions et les ameublements des pauvres, et, s'il se peut faire, une petite pharmacie où elle se tiendra les remèdes les plus communs pour leur soulagement.

5° Elle aura : 1° Un livre de comptes, pour la dépense et la recette de chaque mois; 2° trois registres : dans le premier, elle annotera les besoins spirituels ou temporels qu'elle ou les autres Sœurs qui visiteront les pauvres, auront remarqués dans leurs visites ; dans le deuxième, elle prendra note des ameublements et linge destinés aux pauvres ; dans le troisième, elle enregistrera lesdits objets, quand elle les prêtera aux pauvres, pour les recouvrer au temps fixé.

6° Elle jettera souvent un coup d'œil sur les besoins dont elle aura pris note, pour y pourvoir. Si elle ne peut y pourvoir promptement, elle annotera, en un cahier à part, lesdites nécessités, avec les remèdes qu'on y pourrait porter en temps opportun.

7° La Sœur chargée de la visite des pauvres à domicile lira attentivement le chapitre des Sœurs hospitalières et fera, à son emploi, l'application des règles qui pourront y avoir quelques rapports. Elle n'ira pas faire ses visites dans les maisons des pauvres sans être accompagnée par une autre Sœur désignée par la Supérieure.

## CHAPITRE XIII.

### Règles de la Portière.

1° La Portière s'étudiera, par sa modestie, son humilité, sa douceur et sa patience, à bien édifier tous ceux qui se présenteront à la porte.

2° La porte sera toujours fermée, et ne s'ouvrira du dehors qu'avec une clef. La nuit, après avoir fermé les portes à la grosse clef, elle déposera toutes les clefs dans la chambre de la Supérieure ou de l'Assistante, et l'une ou l'autre asssignera une compagne à la Portière, quand il sera nécessaire d'ouvrir pendant la nuit.

3° Il y aura, à la porte, un guichet pour voir ceux qui viennent frapper. Ce guichet sera à la porte extérieure, s'il y en a deux, et pendant la nuit la Portière n'ouvrira jamais sans savoir quelles sont les personnes qui veulent entrer.

4° L'Evêque du lieu fixera l'heure après laquelle on ne pourra plus ouvrir la porte le soir, qu'avec le consentement exprès de la Supérieure ou de l'Assistante.

5° Elle veillera à ne laisser entrer aucune personne étrangère dans l'intérieur de la maison, de quelque condition et sexe qu'elles soient; mais elle les conduira au parloir, et en ira avertir la Supérieure. Si c'était le médecin, les parents des pensionnaires, ou quelqu'un qui eût à traiter avec l'Econome, pour les provisions, elle avertira les Sœurs chargées de ces divers emplois.

6° La Portière n'appellera aucune

Sœur et ne remettra aucune commission, sans en avoir auparavant obtenu la permission de la Supérieure. Les paquets, à l'adresse des pensionnaires, seront remis à la Maîtresse principale, excepté les lettres qui seront toutes remises indistinctement à la Supérieure, de quelque part qu'elles viennent et à qui qu'elles soient adressées. Les pensionnaires pourront écrire librement à leur père et mère, ou tuteur.

7° Si quelqu'un témoigne à la Portière le désir de lui parler, elle le conduira au parloir, et, après lui avoir fait ses excuses, elle ira en demander la permission à la Supérieure et la priera, en même temps, de la faire remplacer à la porte, si c'est nécessaire.

8° La Portière ne se permettra jamais aucune conversation inutile avec les personnes qui se présentent à la porte. Elle se bornera à répondre avec politesse, et en peu de mots, aux questions qui lui seront adressées.

9° Au premier coup de cloche, elle se rendra à la porte ; que ce soit pourtant sans précipitation.

10° Elle aura soin de tenir le parloir et les lieux circonvoisins, dans un état d'ordre et de propreté, qui puisse toujours édifier.

## CHAPITRE XIV.

### Règles de la Sacristine.

Une Sœur ne pourra être Sacristine que dans les maisons de noviciat, et dans toutes celles de la Congrégation où il y aura une chapelle ou une église. Elle en sera comme la gardienne ; elle en aura les clefs ; elle en ouvrira et fermera les portes matin et soir, aux heures indiquées, après s'être assurée, le soir, qu'il n'y reste personne.

1° Elle sonnera l'*Angelus* aux heures prescrites ; elle prendra soin de la décoration des autels et du lieu saint, suivant la variété des temps et des fêtes ; elle veillera à la réparation, à la conservation et à la propreté des linges, des ornements et de tout le mobilier ; en un mot, elle aura sous sa surveillance et à sa garde tous les objets qui se rapportent au culte divin.

2° Elle prendra garde que tout soit prêt et en ordre avant le saint sacrifice de la Messe et les offices ; car elle ne doit pas rentrer à la sacristie, quand les prêtres et les clercs y sont déjà arrivés.

3° Elle n'ira jamais seule à la sacristie, la Supérieure lui assignera toujours une compagne. Il en sera de même, si elle a à traiter quelque affaire de son emploi avec des personnes ecclésiastiques ou laïques. Cette règle sera gardée, quelle que soit la sacristine, fût-ce même la Supérieure, si elle remplit cette fonction.

4° Dans les allées et les venues à l'église et autour de l'autel, qu'exige l'emploi de sacristine, elle ne se départira pas de la gravité, ni de la modestie que requiert le respect dû à la maison de Dieu.

5° Les Sœurs, occupées dans la sacristie aux devoirs de leur emploi, se rappelleront que ce lieu fait partie de la maison de Dieu. Elles éviteront d'y tenir les discours inutiles, d'y élever la voix, de s'y distraire, et enfin de s'y arrêter inutilement.

## CHAPITRE XV.

*Règles pour la Commissionnaire.*

1° La Commissionnaire devra édifier, par sa discrétion, sa modestie et la sage retenue de ses paroles, les personnes du dehors avec qui elle aura à traiter, aussi bien que celles du dedans.

2° Tous les jours elle saura de l'Econome ce qu'elle devra acheter.

3° La Commissionnaire dressera, chaque jour, un état de ses emplettes, et le présentera, tous les soirs, à l'Econome qui règlera avec elle.

4° Personne ne pourra donner de commissions pour le dehors que la Supérieure, ainsi que l'Assistante, l'Econome, la Maîtresse principale du pensionnat, et celles des autres emplois, en ce qui concerne le cours ordinaire des choses relatives à leur office. Quant au surplus, elles se muniront, comme toutes les autres Sœurs, d'une permission.

5° Elle s'acquittera avec promptitude, exactitude et fidélité, de ses commissions, ne cherchant point à prolonger ses courses au delà du besoin, ni à perdre le temps en conversations et curiosités frivoles.

6° Elle ne parlera point, dans le dehors, de ce qui se fait dans la maison ; et quand elle rencontrera quelqu'un de sa connaissance, elle le saluera honnêtement et en peu de mots, sans s'arrêter. Elle ne parlera point, dans l'intérieur de la communauté, de ce qu'elle aura vu, entendu, ou fait au dehors, si ce n'est aux Sœurs à qui elle devra rendre compte de ses commissions.

## CHAPITRE XVI.

*Règles pour les autres Officières.*

Il y aura encore plusieurs autres Officières dans les maisons de la Congrégation, comme sont : l'Infirmière, la Dépensière, la Lingère, la Réfectorière, etc.

Il ne paraît pas nécessaire de rédiger pour chacune un règlement particulier, il suffira qu'elles suivent les règles générales énoncées ci-après.

1º Pour leurs offices, elles suivront avec fidélité les instructions que la Supérieure leur aura données, et tâcheront de les faire avec pureté d'intention, n'y cherchant en toute chose que la plus grande gloire de Dieu et le bien de la communauté.

2º Elles donneront un soin particulier à la propreté, à l'ordre et à la bienséance.

3º Elles feront tout avec exactitude et diligence, toutefois, sans précipitation, mais avec calme et douceur.

4º L'Infirmière, dans les communautés nombreuses, sera sous la dépendance de l'Assistante. Elle suivra les ordres qu'elle aura reçus touchant les malades et les convalescentes. Elle fera remplir exactement les ordonnances du médecin, qu'elle ira recevoir en compagnie de l'Assistante ou d'une autre Sœur. Elle lui rendra compte de l'heure de la fièvre et des autres symptômes qui se seront manifestés depuis sa dernière visite. L'Infirmière devra se distinguer par son zèle pour le service des malades : en cela, elle n'épargnera ni son temps ni ses peines, et fera en sorte que les remèdes soient faits promptement. Elle sera douce et patiente à supporter l'humeur quelquefois fâcheuse des malades, et tâchera de les consoler, de les fortifier et de les aider à sanctifier leurs souffrances, en leur faisant quelques courtes lectures, en leur adressant, de temps en temps, des paroles pleines de charité et d'encouragement.

5° **La Dépensière**, spécialement

chargée de veiller à la préparation des aliments qui devront être présentés à la communauté, et d'en faire la distribution selon les besoins de chacune, se montrera exacte dans ses occupations, obligeante envers les Sœurs, et patiente dans les plaintes qu'elles pourront former contre elle. Elle aura l'œil à ce qu'il n'y ait point d'abus dans l'usage des choses distribuées; tenant les clefs de la cave et serrant toutes les provisions, elle donnera, au fur et à mesure, ce qui sera nécessaire. Elle visitera souvent les provisions, et avertira l'Econome avant qu'elles soient épuisées, ou lorsqu'elles commenceront à se gâter.

6° La Lingère sera chargée de la confection des habillements, et aura aussi, sous sa garde, tout le linge de la communauté qu'elle soignera avec beaucoup d'attention. Elle ne gâtera rien, ne défera rien, ne disposera d'aucune chose, tant soit peu importante, sans l'avoir soumis auparavant à la Supérieure ou à l'Assistante. Elle aura soin, dans la confection des habillements, de se conformer, en tout point, à ce qui est prescrit, par les constitutions, à cet égard. Elle veillera à ce que chaque Sœur soit convenablement habillée sous le rapport de la propreté, et qu'aucune ne souffre par défaut de vêtements appropriés à la saison. Ainsi, la Lingère se montrera douce dans ses procédés avec les Sœurs, prévenante dans leurs besoins et impartiale dans la distribution du linge et des vêtements.

## CHAPITRE XVII.

*De l'obligation qu'ont les Sœurs d'observer les Constitutions.*

C'est l'opinion des théologiens et la *vraie vérité*, comme dit saint

François de Sales, que la plupart des Règles religieuses n'obligent nullement sous peine de péché par elles-mêmes, mais seulement à raison des circonstances suivantes expliquées par le même saint :

1° Quand la chose défendue est en elle-même péché, ou que ce qui est commandé est nécessaire au salut.

2° Quand on fait ou qu'on omet quelque chose par dédain ou mépris de la règle.

3° Quand on contrevient à l'obéissance que la Supérieure impose en ces termes ou semblables : Je commande en vertu de la sainte obéissance, ou sous peine de péché grave. Mais une Supérieure ne doit faire de tels commandements que pour des choses de grande importance.

4° Quand on transgresse absolument les Constitutions en ce qui concerne les vœux de pauvreté, de chasteté et d'obéissance, ou la vie régulière, comme on ferait en donnant, prenant ou gardant des choses notables, sans permission, quittant l'habit religieux sans dispense, et autres choses semblables.

5° Quand on viole les Constitutions avec scandale, ou de manière à causer un grand préjudice à la Congrégation.

6° Quand on fait quelque manquement à la règle, par quelque passion désordonnée, et avec réflexion, comme, par exemple : de n'aller pas à l'oraison aux heures marquées, par une grande négligence et paresse, de manger hors des repas, par avidité et gourmandise ; de rompre le silence, par colère et autres choses semblables, bien que ces fautes ne soient pas ordinairement péchés mortels par elles-mêmes. Quoi qu'il en soit, ce ne sont pas les Constitutions qui, en ces cas, constituent le péché, mais les circonstances qui, de leur nature, le causeraient en toute autre occasion ; car ce serait toujours pécher, même pour les laïques, de faire ce qui est mal en soi, d'omettre ce qui est nécessaire au salut, d'enfreindre quelques lois par mépris, de violer les vœux, de scandaliser le prochain, de s'abandonner à quelque passion désordonnée.

## CHAPITRE XVIII.
### Des Sœurs agrégées.

Comme il y a dans les campagnes quantité de filles qui sont appelées de Dieu, à une vie pure et retirée du monde, et qui sont privées des ressources matérielles et de l'instruction nécessaires pour être admises dans la Congrégation des Sœurs de Saint-Joseph, la Supérieure principale, avec la permission de l'Evêque diocésain, pourra agréger ces sortes de personnes à la Congrégation, et les établir, dans les paroisses de la campagne, en petites communautés, dont le nombre sera toujours fixé par la Supérieure générale, toujours avec le consentement de l'Evêque. Elles pourront être admises jusqu'à l'âge de trente-cinq ans.

1° Elles dépendront, comme les Sœurs de la Congrégation, de l'Evêque diocésain et de la Supérieure principale. Les Communautés des Agrégées seront, comme celles de la Congrégation, visitées par la Supérieure générale, ou par une Sœur de l'Institut, revêtue de son autorité.

2° Si, après sa profession, une Agrégée venait à être renvoyée, ou qu'elle voulût elle-même sortir de la Congrégation, on lui rendrait sans intérêt ce qu'elle avait apporté, sans qu'elle puisse faire aucune autre réclamation.

3° Le noviciat des Agrégées sera placé près de la Maison-Mère de la Congrégation des Sœurs de Saint-Joseph, si cela se peut. La direction en sera confiée à une Sœur Professe de l'Institut, qui remplacera également, auprès des Agrégées, la Supérieure générale.

4° Les Agrégées ne prendront l'habit et ne feront leur profession, qu'après le consentement exprès de la Supérieure générale et seulement dans la chapelle destinée à l'usage du Noviciat des Agrégées.

5° Le costume des Sœurs Agrégées sera semblable à celui des Sœurs Converses, excepté qu'elles porteront une simple coiffe noire.

Le temps de la probation sera de six mois, et celui du Noviciat, de deux ans. Elles prendront l'habit sans cérémonie ; mais il sera bénit, avec les prières ordinaires, par le prêtre que l'Ordinaire aura délégué à cette fin.

6° Après deux ans de Noviciat, elles feront les vœux annuels pendant dix ans ; après quoi, elles pourront être admises à les faire perpétuels, si on les en juge dignes. Ces vœux se feront sans cérémonie, mais par un acte public, après les exercices spirituels ordinaires. Elles les feront entre les mains d'un prêtre délégué à cette fin.

7° Les Agrégées observeront, autant que possible, toute la première partie des Constitutions, qu'observent les Sœurs Professes de la Congrégation, excepté l'Office de la Sainte-Vierge, qu'elles ne réciteront pas ; mais elles assisteront exactement aux Offices de la paroisse.

8° Dans les villes, elles ne seront

pas employées à l'enseignement ; mais elles soigneront les malades, pauvres ou riches, indistinctement.

Dans les campagnes, on pourra les envoyer, deux à deux, dans les lieux où elles seront demandées, pour y tenir l'école des filles.

# QUATRIÈME PARTIE

QUALITÉS, RÉCEPTION ET ÉDUCATION
DES SUJETS.

## CHAPITRE Ier.

*Des qualités requises dans les personnes qui désirent faire partie de la Congrégation.*

Comme les Sœurs de la Congrégation ne peuvent pas garder la clôture, et qu'elles doivent fréquenter le monde, pour y exercer les œuvres de charité, il faut que celles qui y seront reçues, aient les qualités nécessaires, non-seulement pour bien s'acquitter de leurs emplois, mais encore pour conserver, en toute occasion, une modestie, une fermeté de vertu, qui puissent toujours édifier le prochain. Or, voici celles qui sont regardées comme indispensables :

1° Elles doivent être issues d'un mariage légitime, d'une famille honnête, et appartenir à la religion catholique. Pour en fournir la preuve, elles présenteront leur acte de baptême dûment légalisé. On ne recevra point celles dont le père ou la mère, le frère ou la sœur, ou un oncle paternel, aurait subi quelque peine infamante.

2° On exige qu'elles aient joui constamment d'une bonne réputation, et qu'elles ne soient jamais tombées dans aucune de ces fautes qui font perdre l'estime publique.

3° On ne recevra pas une Postulante, au Noviciat, avant l'âge de quinze ans révolus, ou après trente-cinq ans.

4° Afin qu'une Postulante puisse être reçue, il faut qu'elle ait assez de santé pour remplir les emplois de la Congrégation, et l'on ne recevra point celles qui auraient des infirmités habituelles, des maladies incurables ou communicables, ou qui appartiendraient à des familles dans lesquelles les humeurs froides, l'épilepsie, l'aliénation mentale, seraient héréditaires. On ne recevra pas non plus celles qui seraient boîteuses ou gravement contrefaites.

5° Celles qui auraient des dettes, dont elles ne pourraient s'acquitter, ne seront point reçues, non plus que celles dont le père ou la mère, se trouvant dans une nécessité extrême, ne pourrait se passer du secours de leur fille.

6° Celles qui seront reçues devront être libres et sans aucun engagement dans le monde. Ainsi, quoique l'état de veuve ne soit pas un empêchement exclusif, c'est pourtant une raison bien forte pour ne les admettre qu'après avoir mûrement éprouvé leur vocation. On pourra même prolonger l'épreuve, afin de bien juger leur esprit et connaître leurs dispositions.

7° Celles qui seront admises devront avoir un bon esprit, qui ne soit porté ni à la mélancolie, ni à la légèreté, ni à une vaine dissipation. Elles devront posséder un jugement droit, un caractère franc et ouvert, flexible à la volonté des Supérieures, propre à l'union des esprits et des cœurs. Elles devront avoir l'instruction et les talents nécessaires pour remplir les emplois de la Congrégation, ou du moins de l'aptitude et la bonne volonté d'acquérir ce qui leur manquerait de ce côté-là.

8° On ne recevra donc point celles qui ont un esprit borné, capricieux, inégal, entêté, artificieux, dissimulé ou caustique, qui blâme tout (excepté ce qu'elles font elles-mêmes), non plus que celles qui ont un caractère hautain, violent, insubordonné, paresseux, insensible, froid aux choses du salut et du prochain. Si pourtant on voyait, par expérience, que celles qui ont ce caractère travaillassent avec succès à leur parfait amendement, durant leur probation, on pourrait les recevoir ; néanmoins, on se ressouviendra qu'ordinairement l'esprit et le caractère ne changent pas.

## CHAPITRE II.

*De la réception des sujets.*

1° Quand une personne se présentera pour être reçue, la Supérieure générale ou une de celles à qui elle aura confié la faculté d'admettre à la première probation, fera seule ou accompagnée d'une Sœur, membre du

Conseil, l'examen de la Prétendante. Elle lui adressera en particulier les questions convenables sur son pays, ses parents, son âge, sur sa santé, ses forces physiques, ses talents et son degré d'instruction; sur la conduite qu'elle a menée dans le monde et les motifs qui la déterminent à demander l'entrée de la Congrégation. Elle examinera encore son air et son maintien. Après cela, si elle ne trouve pas la Postulante propre à l'Institut, elle lui dira qu'elle ne peut pas être reçue. S'il lui paraît qu'elle ait les qualités convenables, elle lui fera demander l'entrée de la maison autant de temps qu'il sera nécessaire pour éprouver sa persévérance.

2° Quand une Postulante aura été jugée capable d'être admise, elle sera reçue dans la maison du Noviciat, mais sans aucune communication avec les Novices; et pendant trois mois et plus, s'il est nécessaire, elle suivra, sous son habit séculier, tous les exercices prescrits pour les Postulantes. Durant tout ce temps, la Supérieure, et surtout la Maîtresse, l'examineront et l'éprouveront autant que la prudence pourra le leur permettre. Elles lui donneront tous les avis nécessaires à sa correction et à son amendement. Elles veilleront aussi sur sa conduite, ainsi que toutes les Sœurs Professes.

3° Le temps de l'épreuve étant passé, la Supérieure assemblera en Chapitre les Sœurs vocales de la Maison, et, après avoir récité le *Veni Creator* et l'oraison du Saint-Esprit, elles les invitera à dire successivement leur avis sur la Prétendante proposée, en commençant par la plus jeune. Après quoi, on la fera entrer dans la salle du Chapitre, où, se tenant à genoux, elle écoutera attentivement la lecture qui lui sera faite, par la Supérieure ou par une Sœur, du chapitre *des qualités nécessaires aux Novices.* Ensuite, la Supérieure avertira la Prétendante qu'elle est obligée en conscience de déclarer la vérité, en faisant connaître les défauts ou toute autre cause d'exclusion qu'elle pourrait remarquer en elle ou dans sa famille. Cette déclaration se fera en particulier à la Supérieure ou à la Maîtresse des Novices.

4° Cela fait, la Prétendante sortira du Chapitre, et la Supérieure, recueillant les voix, si elle en a plus de la moitié, elle sera admise à prendre le saint habit, et, dans ce cas, on la fera rentrer au Chapitre pour lui annoncer son admission, lui adresser les observations et lui donner les avis que la Supérieure croira lui être utiles. Si elle n'est pas reçue, on ne la fera pas rentrer au Chapitre, et la

Maîtresse des Novices lui en donnera avis avec beaucoup d'égard et de ménagement, et la disposera à rentrer dans le monde le plus tôt possible.

5° La vêture se fera avec la permission préalable de l'Evêque ; il la fera lui-même ou par le moyen d'un Prêtre qu'il délèguera. A cette époque, on coupera à la Novice la moitié de ses cheveux.

6° A la fin de la première année de Noviciat, la Supérieure assemblera son Chapitre et prendra l'avis des Sœurs sur la conduite des Novices, et, après l'ouverture du scrutin, celles qui n'auront pas la moitié des voix seront renvoyées à leurs parents.

7° A la fin des deux ans de Noviciat, la Supérieure réunira son Conseil où sera appelée la Maîtresse des Novices, si déjà elle n'en fait partie, laquelle renseignera le Conseil sur la conduite des sujets proposés. Celles que l'on verra évidemment ne pouvoir convenir à la Congrégation seront renvoyées, et celles qui, d'après la conduite qu'elles auront tenue pendant leur Noviciat, seront jugées capables d'être admises, seront présentées au Chapitre, dans lequel on observera les mêmes cérémonies qu'à celui de la vêture. Après avoir recueilli les voix, celles qui en auront plus de la moitié, seront admises à faire les vœux annuels, et celles qui n'en auront pas plus de la moitié, seront renvoyées.

8° Avant d'être admises à la profession, les Sœurs Aspirantes seront encore présentées au Chapitre, où on leur représentera, avec énergie, l'importance de l'action qu'elles se proposent de faire, et la sainteté des engagements qu'elles doivent contracter. Après quoi, elles seront interrogées sur leurs dispositions, et, après leurs réponses, elles sortiront du Chapitre ; ensuite, on recueillera les voix. Si elles n'en ont pas les deux tiers, elles seront renvoyées.

9° Quand une Prétendante ou une Novice aura été reçue par le Chapitre, on en donnera avis à l'Evêque diocésain, afin qu'il commette quelqu'un pour lui faire subir l'examen prescrit par le saint Concile de Trente. L'examen aura lieu trois fois : la première, avant la vêture ; la deuxième, avant l'émission des vœux annuels, et la troisième, avant celle des vœux perpétuels.

## CHAPITRE III.

### *Du Noviciat et de l'éducation des Novices.*

1° Il n'y aura qu'une seule Maison de Noviciat ; si la Société vient à prendre du développement, on pourra alors établir un autre Noviciat, avec la permission préalable du Saint-Siége.

2º Les Novices ne pourront être reçues que dans la Maison établie à cette fin. Elles y feront leur Noviciat tout entier.

3º Le temps de la probation sera, au moins, de trois mois, et celui du Noviciat, de deux ans. Il ne pourra point être abrégé, mais il pourra être prolongé, surtout si les Novices sont jeunes. A la fin du Noviciat, les Sœurs Novices feront des vœux annuels pendant deux ans. L'Evêque diocésain pourra néamoins, quand cela paraîtra avantageux à la Congrégation, abréger cette épreuve de deux ans de vœux annuels, à la demande de la Supérieure générale, et la réduire à une année seulement.

4º La Postulante, une fois entrée, sera placée sous la direction de la

Maîtresse des Novices, qui, par sa douceur et ses bons procédés, l'aidera à surmonter les premières difficultés de la vie religieuse; l'instruira, par elle-même ou par sa suppléante, des principaux exercices et pratiques de la Maison, sans qu'elle soit occupée à aucun emploi particulier. Dans l'intervalle des exercices, on l'appliquera à l'étude du catéchisme, on l'initiera à la méthode d'enseignement adoptée par la Congrégation; et si elle ne possède pas des connaissances suffisantes, on commencera par les choses les plus nécessaires aux emplois qu'elle doit remplir.

5° Quand on se sera suffisamment assuré des dispositions de la Postulante et qu'on l'aura assez éprouvée pour pouvoir juger de sa vocation à l'Institut, on la préparera à la vêture par dix jours d'exercices spirituels. Pendant ce temps, la Maîtresse des Novices aura avec elle de fréquents entretiens, proposant à ses réflexions des sujets de méditations propres à lui inspirer le mépris du monde et de ses vanités ; de l'estime pour la grâce de sa vocation et de la reconnaissance envers Dieu, qui l'appelle à son service.

6° La première année du Noviciat, les Novices ne pourront être employées qu'aux exercices spéciaux du Noviciat ; mais dans la seconde année, elles pourront être appliquées à l'enseignement, ou au service des pauvres malades, ou bien, elles aideront les Officières subalternes dans l'intérieur de la Maison. Celles qui ne seront pas suffisamment instruites, seront appliquées à l'étude.

7° La matière des études des Novices sera : 1° la grammaire ; 2° l'arithmétique ; 3° la géographie ; 4° les préceptes essentiels de littérature propres à former le style épistolaire ; 5° les divers genres d'écriture. Elles ne seront point appliquées à la musique, ni au dessin, ni à la poésie, ni, enfin, à toute autre étude qui ne tendrait pas au but principal de l'Institut.

8° L'étude et les occupations des Novices seront réglées de manière à ce qu'elles ne soient point un obstacle à leur avancement spirituel ; mais elles devront plutôt servir à leur faire contracter l'habitude d'allier la vie active avec la vie contemplative ; car, dans cette Congrégation, les Sœurs doivent remplir, tout à la fois, les fonctions de Marthe et celles de Marie.

9° La bonne éducation religieuse des Novices est de la plus haute importance. Si elle est manquée, elle peut entraîner la chute de la Congrégation. Celles qui seront appelées à les former à la piété, devront d'abord s'appliquer à les instruire solidement des vérités fondamentales de la religion ; à leur donner des idées exactes des vertus chrétiennes et à leur former la conscience. Elles les instruiront ensuite des devoirs de la vie religieuse, en général, et de l'esprit de l'Institut, en particulier. Elles auront, pour cela, un choix de bons ouvrages approuvés, tels que : catéchismes, traités sur la morale chrétienne, livres ascétiques, qu'elles mettront à propos entre leurs mains. Elles s'en serviront elles-mêmes pour y puiser les instructions qu'elles leur donneront.

10° Les occupations des Novices seront réglées de manière à ce qu'elles puissent se rendre à la salle du Noviciat pour y entendre la lecture qui se fera dans l'après-midi, et à laquelle la Maîtresse des Novices présidera. Après la lecture, elle les obligera d'en rendre compte, en y ajoutant leurs propres réflexions, pour les accoutumer au langage de la piété. Ce sera principalement dans ces lectures, et dans l'entretien qui les suivra, que les Novices seront formées, d'après ce qui a été dit dans l'article précédent. La Maîtresse des Novices aura soin, pour arriver à ce but, de faire les lectures par ordre de matières selon le plan indiqué ci-devant.

11° La Maîtresse des Novices s'appliquera à déraciner, peu à peu, de leur cœur, les imperfections, et n'épargnera pas certains défauts extérieurs qui, sans les conduire directement au péché, peuvent, néanmoins, être un obstacle à la parfaite union des esprits et des cœurs.

12° Enfin, elle s'appliquera à les

former solidement aux vertus de leur état, principalement à l'abnégation, au mépris du monde et d'elles-mêmes, à une sincère humilité, à l'esprit de pauvreté, à l'obéissance d'action, de volonté et d'intelligence; à la mortification de leurs sens et de leurs passions; enfin, à la pureté d'esprit, de cœur et de corps. Elle les engagera à profiter des occasions qui se présentent de pratiquer ces mêmes vertus. Elle leur en fournira quelquefois le moyen, en les réprimandant, les humiliant, les contredisant, etc., soit au chapitre, soit dans les conférences et autres actes de communauté, etc. Mais elle le fera toujours avec la prudence et la charité qu'inspire l'esprit de Jésus-Christ.

13° Lorsqu'une Novice sera renvoyée, on agira, à son égard, avec charité, la consolant et tâchant de la protéger auprès de ses parents et des personnes du dehors, de manière à ménager sa réputation, ne disant de ses défauts, que ce qui est absolument nécessaire. Dans la Communauté, si la cause du renvoi n'est pas connue, le secret en sera inviolablement gardé; si elle est connue, on évitera d'en parler.

## CHAPITRE IV.
### De la Profession.

De tous les sacrifices personnels que l'homme peut faire à Dieu, il n'en est point de si saint, de si précieux, ni de si agréable à sa divine Majesté que les trois vœux de pauvreté, de chasteté et d'obéissance perpétuelle, par lesquels il lui sacrifie et abandonne tout ce qu'il a et tout ce qu'il est. Il est donc bien important que, immédiatement avant leur profession, les Sœurs aspirantes se préparent à ce grand sacrifice par dix jours d'exercices spirituels. Pendant ce temps, elles s'appliqueront à se pénétrer de l'excellence et de la sainteté des trois vœux qu'elles doivent faire, aussi bien que des obligations qui en dérivent. Elles feront un examen bien rigoureux sur l'état de leur conscience, afin que, avant d'aller s'offrir à Dieu, elles se purifient parfaitement, par une confession extraordinaire, telle qu'elle leur sera conseillée par leur confesseur. Pendant cette retraite, on pourra permettre aux Aspirantes quelque pénitence ou mortification extraordinaire, mais toujours avec discrétion. La veille de leur profession sera, pour elles, un jour de jeûne et d'abstinence. Ce même jour, on leur rasera les cheveux.

1° A la fin des exercices spirituels, les Sœurs aspirantes, après avoir été examinées, d'après les ordonnances du saint Concile de Trente, feront profession entre les mains de l'Ordinaire ou de tout autre prêtre commis par lui, en faisant les trois vœux simples, mais perpétuels, de pauvreté, de chasteté et d'obéissance, selon les Constitutions de la Congrégation.

2° Les Novices feront les vœux annuels entre les mains d'un prêtre délégué par l'Ordinaire; avant de les faire, pour la première fois, elles feront une retraite de quatre jours.

3° Les Sœurs Converses, après deux ans de Noviciat, feront aussi les vœux de pauvreté, de chasteté et d'obéissance pendant huit ans, pour une année seulement, après lesquels, si la Supérieure générale, de l'avis de son conseil et avec l'agrément du chapitre, les en juge capables, elles feront les vœux perpétuels, entre les mains d'un prêtre délégué par l'Evêque.

4° Après la cérémonie de leur profession, les Novices signeront l'acte, qui en sera dressé selon le modèle ordinaire de la Congrégation, et sur un registre exclusivement destiné à cet usage. Celui qui aura reçu la profession, le signera avec deux autres témoins.

5° Les Sœurs Professes se ressouviendront de la perfection à laquelle elles se sont engagées, et de l'obligation qu'elles ont contractée d'y travailler constamment. Et comme cette perfection consiste dans la parfaite observance de leurs vœux et de leurs Constitutions, elles animeront leur ferveur, et emploieront toutes leurs forces, avec le secours de la grâce, pour les observer ponctuellement.

## CHAPITRE V.

*Du Vœu d'obéissance.*

Il n'y a pas devant Dieu de sacrifice plus grand que le vœu d'obéissance ; parce qu'en effet, par ce vœu, l'homme immole ce qu'il y a en lui de plus intime, sa volonté.

1° D'après ce principe, les Sœurs auront une estime extraordinaire de l'obéissance qu'elles auront vouée à Dieu, et elles auront soin de l'observer exactement.

2° En vertu du vœu d'obéissance, les Sœurs sont tenues d'obéir : 1° au Souverain-Pontife ; 2° à la Supérieure générale ; 3° aux supérieures particulières.

3° En ce qui concerne l'obéissance, il est à propos de distinguer entre les simples recommandations et les commandements formels, qui peuvent être plus ou moins graves, selon la matière.

4° Si les Sœurs venaient à trouver quelques difficultés considérables à faire ce qui leur aurait été recommandé, soit à raison de leurs infirmités, de leurs faiblesses ou de quelque obstacle que ce fût, elles pourraient, avec humilité et respect, les exposer à leurs Supérieures ; elles soumettront ensuite leur jugement et leur volonté à ce qui leur sera ordonné.

5° Les Supérieures ne pourront rien ordonner, ni en général ni en particulier, qui ne soit pas suivant les Constitutions.

## CHAPITRE VI.

*Du Vœu de Chasteté.*

Jésus-Christ compare les vierges aux anges de Dieu ; c'est pourquoi les Sœurs, en faisant vœu de chasteté, s'efforceront de vivre dans la Congrégation, comme les anges vivent dans le ciel, c'est-à-dire que leur vie doit être tout appliquée à la pensée et à l'amour de Dieu, et toute dégagée de la vie des sens.

1º Pour cela, elles devront s'appliquer à l'habitude de la présence de Dieu. Elles conserveront une grande modestie, fuyant les moindres actions, regards, pensées et paroles tant soit peu contraires à la modestie, aussi bien que toutes sortes de conversations inutiles avec les personnes d'un sexe différent. Elles devront même éviter soigneusement, entre elles, toutes les familiarités.

2º Elles se remettront souvent en mémoire qu'elles ont l'honneur d'être filles de saint Joseph ; mais, pour se rendre dignes de cette qualité, elles devront imiter la pureté incomparable de ce saint patriarche et de Marie son épouse très pure. En un mot, leur cœur, leur esprit, leurs pensées, leurs paroles, leurs actions, leurs regards et tout leur maintien extérieur, devront respirer la sainte vertu de chasteté.

3° Comme le Saint-Esprit nous avertit que personne ne peut avoir la chasteté si Dieu ne la lui donne, les Sœurs la lui demanderont souvent, surtout dans les tentations et les occasions dangereuses. Elles recourront avec confiance à la sainte Vierge et à saint Joseph pour obtenir la persévérance dans cette vertu.

4° Les Supérieures veilleront exactement à l'observation de ce vœu. Si une Sœur venait à s'en écarter tant soit peu par des paroles libres, des chansons profanes, lecture de mauvais livres, familiarités, caresses, regards ou maintien immodeste, affectation à parler aux hommes sous prétexte même de spiritualité, ou par quelque autre dérèglement, elles l'avertiront promptement ; et, si elle ne se corrigeait pas, elles la puniront sévèrement.

## CHAPITRE VII.
### Du Vœu de Pauvreté.

1° Toutes choses sont en commun dans la Congrégation, soit pour la nourriture et le vêtement, soit pour les meubles et le linge. Chaque Sœur reçoit ce qui lui est nécessaire, des Officières que la Supérieure générale a chargées de ce soin, sans autre distinction que celle que la nécessité et la charité exigent.

2° Les Professes de l'Institut, tant celles qui ont fait les vœux temporaires que celles qui sont liées par les vœux perpétuels, peuvent conserver la nue propriété de leurs biens; mais il leur est absolument défendu d'en garder l'administration, l'usufruit et l'usage. Par conséquent, elles doivent, avant de faire profession, céder, même par acte particulier, l'administration, l'usufruit et l'usage, à qui elles croiront, et même à leur Institut, si cela leur plaît. L'acte de cession pourra porter la clause que cette cession soit révocable suivant le bon plaisir de la Sœur; mais celle-ci ne pourra pas, en conscience, faire usage de cette faculté de révoquer la cession, si ce n'est après avoir obtenu le consentement de la sacrée Congrégation des Evêques et Réguliers. Il en sera de même des biens qui surviennent aux Sœurs, après la profession, à titre de succession ou de donation. Quant à la nue propriété, les Sœurs pourront en disposer, soit par testament, soit par donation, avec permission de la Supérieure générale, et cette disposition de la nue propriété par donation fera finir la cession qu'elles auront faite, par rapport à l'administration, à l'usufruit et à l'usage ; à moins qu'elles ne veuillent que cette même cession demeure, malgré la donation de la nue propriété, et cela pour le temps qu'elles croiront.

Du reste, il n'est pas défendu aux Professes de faire, avec la permission de la Supérieure générale, les actes de propriété qui sont exigés par les lois. Les Sœurs ne pourront pas disposer de la dot donnée à l'Institut.

3° Afin que le vœu de pauvreté soit plus religieusement observé, il est ordonné à la Supérieure générale de pourvoir les Sœurs avec une charité toute maternelle, de tout ce qui leur est nécessaire, pour la nourriture et le vêtement, tant en santé qu'en maladie.

4° Il lui est encore enjoint de veiller à ce qu'il n'y ait rien de superflu dans les habits, les meubles, et généralement dans tout ce qui est à l'usage des Sœurs. Que tout soit conforme à l'état de pauvreté dont elles font profession.

5° Si quelque Sœur transgresse le vœu de pauvreté en recevant, gardant ou donnant un objet, tant soit peu considérable, sans la permission de la Supérieure générale, elle doit en être sévèrement corrigée.

6° Si une Sœur vient à sortir de la Congrégation ou si elle est renvoyée, la dot est remboursée sans intérêt jusqu'au moment de la sortie.

## CHAPITRE VIII.

### De la Dispense des Vœux.

1° La dispense des vœux simples que l'on fait dans l'Institut est réservée au Saint-Siége.

2° Les causes d'expulsion sont les suivantes : 1° Toute Sœur qui aurait dissimulé volontairement, à l'époque de sa profession, quelque cause grave d'exclusion ; 2° celle qui aurait volontairement violé son vœu de chasteté d'une manière déshonorante, lors même que son crime ne serait pas public ; 3° celle qui refuserait d'obéir ; 4° celle qui tomberait facilement et par habitude dans des fautes graves contre l'un des trois vœux, et qui, malgré les avis, les observations charitables, les corrections et les pénitences qu'on lui aurait imposées, continuerait à les transgresser ; 5° celle qui causerait du trouble, qui sèmerait la division ou l'insubordination, qui fomenterait des partis, et qui, après les épreuves convenables, ne laisserait pas d'espérance d'amendement, aussi bien que celle qui violerait habituellement et par mépris les Constitutions, dans leurs points essentiels, avec scandale pour ses Sœurs et pour le prochain, ou qui tomberait dans d'autres péchés graves et scandaleux.

3º Cependant les Supérieures, avant de prendre une mesure aussi rigoureuse, emploieront tous les moyens que la charité et la prudence pourront leur suggérer. Elles procèderont, en ces occasions, avec toute la maturité possible, donnant à la Sœur tout le temps nécessaire pour qu'elle ait le loisir de s'amender, à moins que la nature du mal n'exigeât un prompt remède.

4º S'agissant de Professes de vœux perpétuels, l'expulsion sera décidée par la Supérieure générale et ses Conseillères ; mais elle ne pourra avoir d'effet sans la confirmation de la sacrée Congrégation des Evêques et Réguliers.

5° Celles qui sortiront de la Congrégation ou qui en seront renvoyées, ne pourront jamais réclamer leur pension de Noviciat, ni les intérêts de leur dot; mais seulement le capital, qui leur sera rendu en entier. On ne sera point obligé de leur refaire un trousseau à neuf; mais seulement on leur donnera du linge tel qu'il se trouvera dans la maison. On aura soin, avant de les laisser sortir, de leur ôter leur crucifix, ainsi que tous les habits de la Congrégation, afin qu'elles soient, par là, rendues au costume séculier.

6° Si une Sœur, ce qu'à Dieu ne plaise, venait à sortir furtivement d'une des communautés de la Congrégation, la Supérieure générale en sera promptement avertie, ainsi que du lieu où elle se serait retirée. Elle prendra, au plus tôt, les moyens nécessaires pour la faire rentrer dans une des maisons de l'Institut, sans pourtant l'obliger à rentrer dans celle d'où elle serait sortie. On la mettra immédiatement en retraite pendant quelques jours dans une chambre séparée de la communauté, où l'on emploiera, pour la ramener à son devoir, les moyens que la charité peut suggérer en pareil cas. Si elle reste obstinée, la Supérieure générale fera les démarches nécessaires pour obtenir du Saint-Siége la dispense de ses vœux.

# CINQUIÈME PARTIE

ORGANISATION DE LA SOCIÉTÉ.

## CHAPITRE I$^{er}$.

*De son organisation en général.*

1° Cette Congrégation étant diocésaine, demeurera sous l'autorité de l'Evêque diocésain, suivant les décrets du saint Concile de Trente, et les Constitutions apostoliques relatives aux Congrégations de ce genre. Elle est dirigée par une Supérieure générale.

2° La Maison-Mère de la Congrégation est celle de Chambéry, qui est aussi le lieu de la résidence de la Supérieure générale. Elle a auprès d'elle le Noviciat.

3° La Supérieure générale priera

Mgr l'Archevêque de nommer, s'il le juge à propos, un Père spirituel, qui le représentera auprès de la Communauté, et qui exercera, en son nom, selon les circonstances, les pouvoirs qu'il voudra bien lui confier pour les Maisons du diocèse. Ce Père spirituel est amovible au gré de Monseigneur l'Archevêque.

4° Pour l'aider dans les fonctions de sa charge, la Supérieure générale a près d'elle une assistante, et même deux, si le besoin le requiert, deux conseillères, une économe, une secrétaire et une admonitrice.

5° Chaque Maison est dirigée par une Supérieure locale, qui doit toujours avoir une admonitrice pour l'avertir de ses défauts, et une assistante, quand la Communauté est composée de dix ou douze Sœurs.

6° Dans les offices considérables, tant pour le soin des pauvres malades que pour l'instruction des jeunes personnes, il y a une Sœur qui, sous le nom de Maîtresse principale, en a la direction et exerce sa vigilance sur tout ce qui concerne ledit office, aussi bien que sur celles des Sœurs qui leur sont adjointes pour aides, et celles-ci doivent leur obéir, en ce qui concerne leur office, comme à la Supérieure, puisque les Maîtresses principales sont revêtues, dans leurs fonctions, d'une partie de son autorité.

## CHAPITRE II.

### Du Père spirituel.

Dans chaque diocèse où la Congrégation sera établie, l'Evêque pourra nommer un prêtre d'un âge mûr, connu par sa vertu, sa science, sa prudence et sa charité, pour tenir sa place dans le gouvernement et la surveillance de la Congrégation.

1° La fonction du Père spirituel sera d'aider de son autorité la Supérieure générale dans l'administration temporelle et spirituelle des affaires de la Congrégation ; mais toujours en conformité des présentes Constitutions.

2° Il visitera, quand il sera nécessaire, les Maisons du diocèse, si l'Evêque l'en charge. Il est bien entendu qu'il n'aura aucune juridiction hors du diocèse, et qu'il n'exercera sur la Congrégation d'autre autorité que celle que lui donne l'Evêque, et que le droit lui permet de déléguer. Ce Père spirituel est amovible au gré de l'Evêque.

## CHAPITRE III.

*De la Confession et du Confesseur.*

1° Les Sœurs ne doivent avoir qu'un seul confesseur. Il faut qu'il soit, autant que possible, homme de doctrine, prudent, discret et pieux, et d'une vie, à tous égards, irréprochable, tel, en un mot, qu'on puisse se reposer sur son zèle, en tout ce qui concerne le bon état de la conscience des Sœurs. Car, bien que les Constitutions prescrivent plusieurs moyens, telles que les confessions extraordinaires et les communications avec la Supérieure, il est certain que le confesseur ordinaire a plus de pouvoir que tout autre, pour entretenir dans les Sœurs l'innocence des mœurs et le zèle de leur sanctification.

2° Afin de l'avoir tel que ses fonctions l'exigent, il faudra que la Supérieure fasse beaucoup prier pour obtenir le secours du Ciel; elle pourra même prescrire quelques mortifications à cette intention, après quoi, elle en demandera un à l'Évêque, au nom de toute la Communauté, et, si elle connaît quelque ecclésiastique qui lui paraisse avoir les qualités requises, elle pourra le lui proposer avec soumission et déférence.

3° Dans les lieux où les Sœurs seront placées en petites Communautés, elles se confesseront ordinairement à MM. les curés de leurs paroisses, moyennant l'autorisation de l'Ordinaire du diocèse. S'il s'élevait, à cet égard, quelque difficulté, la Supérieure locale en informerait la Supérieure générale, qui en référerait au Père spirituel. Les Supérieures locales doivent exercer une exacte vigilance, être elles-mêmes d'une très grande réserve, afin qu'il ne se glisse rien de libre dans les rapports avec les ecclésiastiques des lieux où elles seront placées, se ressouvenant bien que rien ne scandalise aussi facilement les fidèles.

4⁰ Les Sœurs doivent être attentives à conserver, envers leur confesseur, la gravité requise et le respect qui lui est dû. Il doit aussi, lui-même, les traiter avec une charité qui ne dégénère jamais en familiarité, les considérant comme les épouses de Jésus-Christ.

5⁰ Le confesseur ordinaire des diverses Maisons exercera ses fonctions pendant trois ans, et ne pourra pas être confirmé sans la permission de la sacrée Congrégation des Evêques et Réguliers.

6⁰ Tous les trois mois, à l'époque des Quatre-Temps, la Supérieure demandera à l'Evêque un confesseur extraordinaire, qui devra être un homme éclairé, prudent et vertueux, auquel toutes les Sœurs, aussi bien que la Supérieure, se confesseront, ou du moins se présenteront au tribunal sacré.

7° Outre la confession des Quatre-Temps, si une Sœur avait le désir de s'adresser à un confesseur extraordinaire, elle pourra en demander la permission à l'Evêque diocésain, qui aura en vue la bulle *Pastoralis curæ*, de Benoît XIV.

## CHAPITRE IV.

*Election de la Supérieure générale.*

1° La Supérieure générale est élue au scrutin secret par le chapitre de la Maison-Mère de Chambéry, formé, pour ce point, des Sœurs qui ont trois ans de profession, et par les Supérieures locales des Maisons formant la Congrégation du diocèse. Elle ne pourra pas être élue avant l'âge de quarante ans, et au moins cinq ans de profession.

2° La Supérieure est élue pour le terme de six ans, et elle pourra être réélue une seconde fois. Cette élection n'aura d'effet qu'après l'approbation de l'Ordinaire. Si les besoins de la Congrégation exigeaient que la même fût réélue au-delà de douze ans, la troisième élection et les suivantes n'auraient d'effet qu'après l'approbation et la confirmation du Saint-Siége apostolique.

3° Un mois avant l'expiration des six ans de l'exercice de sa charge, la Supérieure générale en avertira le Père spirituel, ou Mgr l'Archevêque; après quoi, étant autorisée par lui, elle convoquera le chapitre de l'élection. Quand les électrices seront arrivées, Mgr l'Archevêque, ou le Père spirituel, les réunira toutes dans la chapelle de la Maison, où, étant assis, et lesdites Sœurs debout, rangées de part et d'autre, la Supérieure se mettra à genoux au milieu d'elles, puis renoncera à la supériorité et la remettra entre les mains du président, qui, ayant accepté sa démission, l'absoudra de sa charge disant : *La Congrégation vous décharge des fonctions de supérieure, au nom du Père, du Fils et du Saint-Esprit.* Il donnera ensuite la conduite de la Maison à l'Assistante, et la Supérieure, ayant dit sa coulpe des fautes commises en sa charge, prendra le rang de sa profession.

4° Pendant les huit jours qui suivront cette déposition, la Communauté récitera, après la messe, le *Veni Creator*, l'oraison du Saint-Esprit, celle de saint Joseph, et fera trois fois la sainte communion pour obtenir la grâce de faire une bonne élection. Il sera absolument défendu, à qui que ce soit, de parler de l'élection qui devra se faire, et les électrices examineront sérieusement devant Dieu celle à qui elles devront donner leur voix. Et afin d'obtenir plus facilement la lumière du Saint-Esprit, elles feront, pendant ces huit jours, une demi-heure de méditation extraordinaire.

5° Les huit jours étant écoulés, Monseigneur, ou celui qui présidera en son nom, célébrera la sainte messe, à laquelle aura lieu la communion générale faite à cette fin; et après avoir récité le *Veni Creator*, il ira, accompagné de deux conseillères, prendre les billets des Sœurs malades, s'il y en a; il les déposera dans une boîte, sur l'autel; ensuite l'Assistante, rentrant à la chapelle, se mettra à genoux, et faisant le signe de la croix, elle écrira, sur une table préparée exprès et placée au milieu de la chapelle, le nom de celle qu'elle voudra élire, puis elle pliera son billet : toutes les électrices, entrant successivement, feront de même. Lorsque toutes auront écrit leur billet, l'Assistante ira la première déposer son billet dans la boîte placée près du Président. Dès que tous les billets auront été déposés, celui-ci fera l'ouverture du scrutin en présence des deux conseillères. Celle qui aura eu au moins la moitié des voix, plus une, sera reconnue pour Supérieure. Le président prononcera à haute voix le nom de l'élue : il ne lui sera permis ni de s'excuser, ni de refuser. S'étant donc mise à genoux, elle fera sa profession de foi; après quoi, celui qui préside, confirmera l'élection, en disant : *Nous confirmons votre élection de Supérieure générale de cette Congrégation, au nom du Père, et du Fils, et du Saint-Esprit.* Si deux Sœurs obtenaient le même nombre de voix, on ferait un scrutin de ballotage. Si après ce premier ballotage, aucune des deux n'a encore la majorité, on procèdera à un second. Dans le cas où ce dernier aurait encore le même résultat, l'Archevêque en référera à la sacrée Congrégation.

## CHAPITRE V.

*Election des Officières, attributions de la Supérieure générale et de son Conseil.*

1° La Supérieure générale nommera l'Assistante (elle pourra en choisir deux, si le besoin le requiert), qui est confirmée par le Père spirituel. Le terme de ses fonctions est de trois ans : ce terme peut être abrégé si le cas le requiert. Elle peut aussi être nommée autant de fois que la Supérieure le trouvera à propos.

2° Les deux conseillères sont élues au scrutin secret par le Chapitre général. Le terme de leurs fonctions est de six ans, comme la Générale :

elles peuvent être réélues autant de fois que les capitulantes le croiront utile au bien de la Congrégation.

3° La Maîtresse des Novices est nommée par la Supérieure générale, d'après l'avis du Conseil. Le terme de ses fonctions n'a d'autres limites que la volonté de la Supérieure.

4° La nomination des Supérieures locales est faite par la Supérieure générale, son Conseil entendu : l'exercice de leurs fonctions est de trois ans. Elles pourront être nommées jusqu'à quatre fois dans une même Maison ; et si après ce terme, la Supérieure générale croit qu'il soit à propos de les laisser en fonction, elles seront chargées de la direction d'une autre Maison.

5° L'examen des personnes qui sont reçues dans la Société, ainsi que leur admission au Noviciat, est réservé à la Supérieure générale, qui peut, néanmoins, communiquer ce pouvoir à une autre.

6° Les biens que les Sœurs auront apportés ou qui auront été acquis par la Congrégation, resteront ordinairement dans le diocèse. Cependant, lorsqu'il s'agira de former un établissement hors du diocèse ou d'envoyer des sujets aux missions étrangères, la Supérieure générale pourra, avec la permission de Monseigneur l'Archevêque et de l'avis de son Conseil, employer une partie de ces biens pour concourir à ces bonnes œuvres.

7° La Supérieure générale ne pourra pas faire de cadeaux de quelque valeur sans un motif de reconnaissance ou d'utilité pour la Congrégation. S'il s'agissait d'un cadeau un peu considérable, elle consultera son Conseil, et elle devra obtenir son consentement.

8° Toutes les affaires graves qui

regardent l'administration de l'Institut, seront soumises au Conseil. Les Sœurs, composant le Conseil, auront voix délibérative, dans les cas de fondations nouvelles, de suppression de Maisons déjà existantes, de dépenses considérables, de réparations importantes, de contrat de vente ou d'achat. Mais l'aliénation des biens de l'Institut et la création des dettes ne pourront se faire que conformément aux Règles canoniques, particulièrement pour ce qui concerne le *beneplacitum* apostolique. Dans les autres cas, les membres du Conseil n'auront que voix consultative. Pour supprimer une Maison quelconque, il faut obtenir le consentement de l'Evêque diocésain.

9° La Supérieure appellera ordinairement à son Conseil l'Assistante, les deux Conseillères et l'Econome, quand il s'agira d'affaires relatives au temporel de la Maison ou de la Congrégation. Il lui sera aussi facultatif de consulter séparément les membres de son Conseil, quand elle le jugera à propos. Elle pourra aussi appeler au Conseil la Maîtresse des Novices, si elle le juge à propos.

## CHAPITRE VI.

*Qualités et devoirs de la Supérieure générale.*

La Supérieure générale, par la place qu'elle occupe, est obligée de veiller aux intérêts, au bien et à l'avancement d'une œuvre qui a pour but la plus grande gloire de Dieu et le salut des âmes.

1° C'est pour cette raison que celle qui est choisie pour occuper cette première place, doit être une personne unie à Dieu par l'exercice de la prière et de l'oraison.

2° Il faut qu'elle soit distinguée par son amour et par son zèle pour la gloire de Dieu et l'avancement de l'Institut.

3° Elle doit s'être rendue recommandable par son esprit de sagesse, de prudence et par la maturité de sa conduite.

4° Il faut qu'elle ait un esprit droit et de l'expérience.

5° Sa charge, loin de l'élever, devra la pénétrer d'une sainte frayeur, puisqu'elle est comptable à Dieu de la perfection de ses Sœurs. Comme l'oraison et l'union avec Dieu sont un moyen efficace pour faire avancer les âmes dans toutes les vertus, elle veillera avec beaucoup de soin à ce que toutes soient adonnées à ce saint exercice, en sorte qu'elles conservent un grand esprit de recueillement, et édifient, en Notre-Seigneur, ceux qui auront à traiter avec elles.

6º Elle devra établir solidement, dans les Maisons de sa dépendance, l'esprit de l'Institut, l'exacte observance des Constitutions, et l'amour des pauvres dans tous les membres de la Congrégation.

7º Elle sera ferme et courageuse pour combattre le relâchement et l'inobservance des vœux et des Constitutions, se ressouvenant que la mollesse et le trop de condescendance, dans une telle place, peuvent avoir des suites funestes et être souvent le commencement de la ruine d'une Congrégation.

8º Si la fermeté est une qualité essentielle à une Supérieure générale, elle se ressouviendra aussi que la charité ne lui est pas moins nécessaire. Elle aura donc, pour toutes les Sœurs, un cœur de mère et des entrailles de charité. Chacune aura un libre accès auprès d'elle ; et, tout en étant ferme pour le maintien de la discipline, elle saura accorder à propos les adoucissements nécessaires aux Sœurs infirmes.

9° Elle évitera une façon de commander sévère et impérieuse, quand la nécessité ne l'y obligera pas.

10° Elle aura un sceau ou grand cachet, de forme ovale, de la largeur d'environ deux centimètres, sur lequel sera gravée l'effigie à demi-corps de *saint Joseph*, portant entre ses bras le *saint Enfant Jésus*, avec cette inscription : *Supérieure de la Congrégation de Saint-Joseph de N.* Elle s'en servira pour cacheter ses lettres et celles des Sœurs.

11° Elle adressera, tous les trois ans, à la sacrée Congrégation des Évêques et Réguliers, une relation de l'état de son Institut, où elle fera connaître le nombre des Maisons et des Sœurs, la direction du Noviciat, l'état administratif et l'observance.

## CHAPITRE VII.

### *Devoirs des Assistantes.*

L'Assistante doit être considérée comme tenant la place de la Supérieure générale, pour l'aider dans la conduite extérieure de la Maison-Mère du diocèse et de ses dépendances, et pour tenir sa place en cas d'absence ou de maladie.

1° Elle aura donc un soin spécial de ladite Maison, prenant garde : 1° à ce que tous les membres de la Communauté soient charitablement pourvus en tous leurs besoins, en quoi elle doit donner des preuves d'une charité cordiale et pleine de prévoyance ; 2° à ce que dans tous les offices, chambres et autres lieux de la Communauté, on voie reluire la pauvreté, la propreté et la bienséance ; 3° à ce que dans l'apprêt des viandes et autres choses nécessaires, les officières subalternes pourvoient à tout, en temps opportun, avec zèle et charité ; 4° à ce que toutes les œuvres journalières soient faites aux temps et lieux marqués par les Constitutions ; 5° à ce que toutes les observances soient ponctuellement gardées, particulièrement celles du silence et de la modestie.

2° Pour s'acquitter plus exactement de sa charge, elle jettera souvent un coup d'œil sur les cinq articles précédents, pour connaître ce qu'il y aura à pourvoir ou à corriger, et le soir, elle marquera, par écrit, s'il est nécessaire, ce qu'elle devra faire le jour suivant, et les personnes dont elle devra se servir pour en faciliter l'exécution.

3° Elle visitera fréquemment les diverses parties de la Maison, spécialement les dortoirs, pour en connaître l'ordre et la tenue. Elle s'informera des besoins des Sœurs, pour y pourvoir charitablement, prenant un soin particulier des malades, afin que rien ne leur manque, et qu'elles soient assistées spirituellement et corporellement avec beaucoup de charité. Elle pourvoira spécialement à tous les besoins de la Supérieure, prenant garde à ce qu'elle ne néglige pas trop sa santé ; et, après en avoir conféré avec les Conseillères, elle aura pouvoir de lui commander de prendre les soins qu'on jugera nécessaires.

4° Les Assistantes des petites Communautés aideront aux Supérieures locales à maintenir l'ordre dans leurs Maisons, et les remplaceront en cas de besoin. Elles devront appliquer à leur emploi le présent chapitre.

## CHAPITRE VIII.

### *Des Conseillères.*

Les Conseillères sont établies pour aider de leurs conseils la Supérieure en la conduite de la Congrégation et en ce qui concerne l'observation des Constitutions.

1° Lorsqu'elles remarqueront quelques défauts considérables contraires au bon ordre de la Congrégation, elles en avertiront au plus tôt la Supérieure afin qu'elle y remédie ; mais elles ne doivent jamais faire de rapports avec précipitation ou par esprit de passion, tâchant d'agir, en tout, par le mouvement du zèle de la gloire de Dieu.

2° Lorsqu'elles auront quelques pensées qui pourront être utiles à l'avancement de la Congrégation, elles les annoteront, afin de les communiquer en temps et lieu à la Supérieure. Elles observeront d'une manière particulière les personnes qui voudront être admises dans la Congrégation, ne donnant jamais leurs suffrages à aucune qui n'ait les qualités prescrites par l'Institut.

3° Quand elles seront appelées à délibérer sur quelque affaire, elles tâcheront d'avoir Dieu seul devant les yeux, se dépouillant de tout intérêt, de toutes passions qui pourraient leur ôter la liberté de juger sainement des choses soumises à leur décision. Elles se rangeront toujours du côté où elles verront plus de bien pour l'avancement de la gloire de Dieu. Si l'affaire était importante et qu'elle ne pût être décidée sur-le-champ, elles demanderont du temps pour la recommander à Dieu et pour y penser à loisir.

## CHAPITRE IX.

*Devoirs de la Coadjutrice ou Maîtresse des Novices.*

Comme l'Assistante doit aider la Supérieure, en tout ce qui concerne la conduite extérieure de la Congrégation, la Coadjutrice doit aussi l'aider en tout ce qui regarde la conduite des Postulantes, des Novices, des Sœurs Aspirantes, pour les former peu à peu à la perfection des vertus propres à leur Institut.

1° Elle fera en sorte que toutes les Sœurs mises sous sa direction, soient bien élevées, bien instruites en la connaissance des choses spirituelles, et qu'elles pratiquent avec une grande exactitude jusqu'aux moindres observances. Pour parvenir à cette fin si importante, elle aura un soin spécial de l'éducation des

Prétendantes, des Novices et des Sœurs Aspirantes jusqu'à leur profession. Elle prendra soin de les conduire peu à peu à la perfection de l'Institut ; mais elle se rappellera aussi qu'elles ne pourront pas tout à coup devenir parfaites.

2° Elle considérera attentivement le naturel de chacune pour corriger ce qui sera défectueux et pour cultiver tout ce qui pourra servir d'instrument à la grâce. Elle sera douce et affable envers toutes ses filles.

3° Elle aura un soin tout particulier de former les Novices à la pratique de l'oraison, les portant doucement à l'amour de cet exercice, comme très nécessaire à leur avancement spirituel.

4° La Maîtresse des Novices conservera, autant qu'il lui sera possible, les Sœurs Aspirantes dans le premier esprit du Noviciat. Elle les élèvera doucement et courageusement à la pratique de ce qui est plus parfait.

5° Elle se ressouviendra que la gloire de Dieu, le bonheur de la société, la perfection et le salut éternel des Sœurs, sont étroitement liés avec la première éducation religieuse qu'elles auront reçue au Noviciat. Elle comprendra, par là, quelle est l'importance de sa charge, et de quel esprit elle doit être animée. Elle s'efforcera d'exprimer, en sa conduite, les vertus du divin Sauveur.

## CHAPITRE X.

### *De l'Econome.*

La fonction de l'Econome est d'aider la Supérieure générale dans l'administration des biens temporels.

1° Elle se ressouviendra, en la gestion du petit revenu de la Maison et en l'administration des affaires que la Congrégation pourrait avoir à traiter avec les étrangers, de recommander tout à Dieu et de n'y rechercher que sa sainte volonté, réglant les choses avec une grande paix, faisant paraître, en tout et partout, un grand détachement des biens du monde, afin qu'on ne puisse pas lui reprocher, ce qu'on reproche assez souvent aux personnes consacrées à Dieu, qu'elles sont plus attachées aux biens de la terre que celles qui y sont engagées par leur profession.

2° Elle aura soin de recevoir, en compagnie de celle que la Supérieure lui aura désignée, le revenu de la Communauté. Elle marquera, dans un livre spécial, la recette et la dépense de chaque mois, pour qu'à la fin de l'année, on puisse voir si la recette est plus forte que la dépense, ou le contraire, et que par ce moyen, on connaisse bien l'état des affaires.

3° Elle aura un coffre ou armoire fermant à clé, pour y tenir l'argent nécessaire à l'entretien ordinaire de la Communauté. Si la Maison avait quelque somme notable, elle sera mise dans un autre coffre ou armoire fermant à trois clés.

4° Elle aura, dans un livre, la note de toutes les provisions nécessaires à l'entretien et à la nourriture des Sœurs, du prix, à peu près, qu'elles pourront coûter, du temps auquel il faudra les acheter; elle aura soin d'en faire l'acquisition à temps, au prix le plus convenable. Si elle n'était pas habituée à l'administration d'une Maison, elle prendrait conseil de quelques personnes entendues qui lui seraient désignées par la Supérieure, les consulterait avec humilité et suivrait leurs avis en toutes choses.

5° S'il s'élève quelque différend pour des intérêts temporels, l'Econome en fera part à la Supérieure générale, qui ne laissera plaider qu'à l'extrémité, après en avoir conféré avec le Père spirituel, et avoir tenté tous les moyens possibles d'accommodement. En ce cas, les intérêts de la Congrégation seront confiés à des hommes intelligents et consciencieux. On s'en remettra à leur avis, sans réserve, et l'on regardera toujours un arrangement comme préférable à un procès, dût-on même en éprouver une perte.

6° Après avoir fait les provisions de la communauté, l'Econome les visitera au moins une fois par mois pour voir si rien ne se gâte. Lorsqu'elle fera faire des emplettes par la commissionnaire, elle aura soin de tout annoter jour par jour sur le livre des dépenses, afin que rien ne soit oublié. Elle tâchera de pourvoir à tout, avec zèle, prudence et charité, de manière à ne pas donner lieu à des mécontentements ou à des murmures dans la communauté.

7° Tous les deux mois, elle rendra compte à la Supérieure en présence des Conseillères. A la fin de chaque année, elle dressera le compte de l'année entière et le présentera à la Supérieure, qui, après l'avoir examiné avec son conseil, le soumettra à l'approbation de Mgr l'Archevêque ou du Père spirituel, s'il est délégué à cette fin.

8° Elle veillera à ce que les Sœurs exécutent avec soin et diligence les travaux qui leur seront confiés. Elle en recueillera le produit avec exactitude dans l'intérêt de la communauté et celui des pauvres.

9° Elle fera un inventaire de tout ce que les prétendantes apporteront à la Maison, le leur fera signer et aura soin de le conserver sous clef jusqu'à ce qu'elles aient fait profession.

10° Elle conservera, avec une attention particulière, les titres des fondations, et, en général, tous les contrats et documents qui intéressent la Congrégation. Elle aura un livre dans lequel ils seront tous enregistrés par ordre, pour servir de répertoire, afin qu'on les trouve plus promptement quand on en aura besoin. Tous ces papiers, ainsi que le registre, seront fermés dans un coffre ou armoire à trois clefs ; la Supérieure, l'Assistante et l'Econome en auront une chacune.

11° Si elle a des actes inscrits à la conservation des hypothèques, elle aura soin d'examiner, de temps en temps, la date de chaque inscription pour ne pas laisser écouler le terme.

## CHAPITRE XI.

### De la Sœur secrétaire.

La Sœur secrétaire doit seconder la Supérieure dans tous les détails qu'exige le gouvernement de la Congrégation.

1° Plus ses fonctions sont variées et multipliées, plus elle doit s'appliquer à conserver l'esprit de recueillement et d'oraison. Il faut qu'à un grand zèle pour le bien général de la Congrégation, elle joigne une connaissance approfondie des statuts. Elle doit être prudente, faire les choses à propos, les exécuter de la manière que la Supérieure le désire, et secrète, pour ne jamais révéler ce qui est lui confié.

2° Elle conservera dans ses registres : 1° la copie des lettres importantes écrites par la Supérieure générale ou par son ordre ; 2° elle tiendra le registre de toutes les Sœurs décédées du diocèse ; 3° elle aura un livret sur lequel elle annotera, chaque jour, les ordres que lui donnera la Supérieure, ou les engagements qu'elle aura pris, afin que tout soit exécuté avec ponctualité. Elle tiendra note des principales affaires que la Supérieure aura à régler, et des lettres qui exigeront une prompte réponse.

3° Les lettres de la Secrétaire devront être claires, précises, rédigées de manière à respecter toutes les convenances; empreintes de l'esprit de piété et d'onction qui doit faire comme le caractère distinctif de la Congrégation. Dans celles qu'elle écrira pour la Supérieure, elle fera en sorte de se revêtir, pour ainsi dire, de son esprit, de donner à chaque expression la couleur de ses pensées et le sceau de son autorité. Elle ne se servira d'aucun terme trop affectueux, ou qui laisse entrevoir quelque préférence ou prédilection ; elle mettra, dans toutes ses lettres, cette sage mesure de sobriété, qui rende, dans la plus grande précision, la pensée et les volontés de la Supérieure, sans excéder en rien. En général, la Secrétaire doit être d'une grande fidélité envers la Supérieure ; elle n'écrira, n'agira, ne lira que par ses ordres, ne se prévaudra pas de l'accès que lui donnera sa charge auprès d'elle, ne se mêlera du gouvernement en aucune manière, et couvrira d'un secret impénétrable les divers objets qui lui seront confiés.

4° Elle sera prudente et discrète envers tous les membres de la Congrégation ; remplie de zèle et d'obligeance pour les étrangers.

5° Elle aura le sceau ou cachet de la maison pour les expéditions qu'elle fera au nom de la Supérieure générale.

## CHAPITRE XII.
### De l'Admonitrice.

L'Admonitrice est établie pour avertir la Supérieure de ses manquements, et recevoir les plaintes que les inférieures pourraient former contre elle.

1° Elle ne lui donnera aucun avertissement sans y avoir réfléchi devant Dieu, pour voir s'il est à propos de le faire et pour connaître la manière, le temps et le lieu le plus propre à rendre l'avertissement utile.

2° Elle ne se rendra point importune par des avertissements trop fréquents; n'en donnera que par nécessité, et toujours avec réserve, humilité et respect, sans jamais prendre un ton de réprimande, se ressouvenant qu'elle est inférieure.

3° Il sera quelquefois à propos qu'elle mette par écrit les fautes qu'on pourra remarquer en la Supérieure, pour les lui présenter, afin qu'elle les considère plus à loisir, et tâche de s'en corriger.

4° Quand les inférieures lui feront quelques plaintes contre la Supérieure, elle les écoutera avec douceur, sans pourtant ajouter trop facilement foi à ce qu'on lui dira; elle prendra le temps d'y réfléchir et de s'en mieux informer avant de donner un avis. Si la plainte lui paraît exagérée, elle l'adoucira et la réduira à de justes proportions. Elle doit être en tout très prudente, et d'un secret impénétrable sur ce qui lui est dit de part et d'autre.

## CHAPITRE XIII.

*Devoirs des Supérieures locales.*

1° Les Supérieures locales se considéreront comme tenant la place de la Supérieure générale, étant revêtues d'une partie de son autorité sur les Sœurs qui leur seront confiées. Elles liront attentivement le chapitre des *devoirs de la Supérieure générale*, et se les appliqueront en ce qui concerne la pratique des vertus propres à une personne chargée de la conduite des autres.

2° Les Supérieures locales seront obligées de faire suivre les Constitutions, de tenir le chapitre et la conférence aux jours prescrits, d'entendre les communications des Sœurs, de les diriger et de présider, autant que possible, tous les exercices spirituels.

3° Les Supérieures locales ne pourront faire, ni pour elles ni pour les autres Sœurs, aucun remède extraordinaire ou trop coûteux, sans y avoir été préalablement autorisées par la Supérieure principale, à moins qu'il ne s'agisse de choses urgentes et nécessaires. Il leur est aussi défendu de faire des cadeaux de quelque valeur, sans cette même autorisation. Quand il sera nécessaire de dispenser une Sœur de quelque point des Constitutions pendant un temps considérable, la Supérieure locale s'adressera à la Supérieure générale.

4° Tout en mettant beaucoup de bonté et de condescendance à donner les permissions que les Sœurs demanderont, les Supérieures locales éviteront de se montrer trop faciles, dans la crainte d'introduire le relâchement. Elles éviteront également de se montrer trop difficiles, de crainte de les jeter dans le découragement.

5° Les petits établissements ne pouvant comporter le nombre d'Officières désigné pour les grandes communautés, les Supérieures locales en rempliront elles-mêmes les fonctions compatibles avec leur charge. Elles administreront le temporel en qualité d'économes.

6° Les Supérieures locales, soit des petits, soit des grands établissements, ne pourront (excepté ce qui sera nécessaire pour les provisions et pour les meubles ordinaires de la maison), ni acheter, ni vendre, ni construire, ni démolir, ni emprunter, ni prêter, ni contracter aucune obligation, ni louer une partie de leur maison, ni paraître en justice, sans en avoir obtenu la permission de la Supérieure générale. Pour les aliénations et les dettes, on devra observer les règles canoniques. Pour l'arrangement de leur maison qui doit toujours respirer la plus grande simplicité, et pour les réparations nécessaires, elles pourront faire les dépenses qui, dans leur ensemble, ne s'élèveront pas au-dessus du prix de douze journées d'ouvriers. L'obéissance demande que tout ce qui excède cette somme, soit soumis à la Supérieure générale et autorisé par elle. Il devra y avoir, dans chaque communauté, un inventaire du mobilier appartenant aux Sœurs, en linge, meubles, lits, etc., dont le double sera envoyé à la Maison Mère après la nomination d'une nouvelle Supérieure.

## CHAPITRE XIV.

### *Des Maîtresses principales.*

L'emploi de Maîtresse principale a pour objet la surveillance des autres Maîtresses en tout ce qui concerne l'emploi qui leur est confié. Elles veilleront à ce que les Maîtresses particulières s'acquittent exactement de leurs fonctions et à ce que le Règlement dudit emploi soit ponctuellement observé.

1° La place de Maîtresse principale, loin de rendre une Sœur indépendante de sa Supérieure, doit au contraire la rendre plus soumise, puisqu'elle tient sa place auprès de ses Sœurs. Elle aura donc soin de lui rendre compte fréquemment de l'état de son emploi, de l'instruction religieuse, de la piété des élèves, de la marche de leurs études, de leurs succès, de leur santé, si ce sont des pensionnaires; de leurs besoins temporels et spirituels et des moyens à employer pour les soulager, si ce sont des enfants pauvres. Dans les affaires de quelque importance, elle prendra en tout les avis et les ordres de la Supérieure.

2° La vigilance qu'elle exercera sur les Maîtresses particulières pour qu'elles s'acquittent fidèlement de leur emploi, doit être accompagnée de cette douceur et de cette charité qui rendent l'obéissance facile et légère. Si quelqu'une avait le malheur de s'écarter de son devoir, elle l'en reprendra charitablement ; et si elle persiste dans sa désobéissance, elle en avertira la Supérieure.

3° Loin de compromettre l'autorité des Maîtresses particulières par des paroles ou des manières imprudentes, à l'égard des enfants ou des autres personnes à qui elles donneront leurs soins, elle tâchera de leur concilier leur estime et leur respect, donnant à ses Sœurs, en toute occasion, les marques de déférence compatibles avec sa charge.

4° Les Maîtresses principales, surtout celles des Pensionnats, des Maisons d'Orphelines, auront, pour toutes leurs élèves, des entrailles de mères, s'intéressant à tout ce qui les concerne, les encourageant au bien et les aimant toutes en Notre-Seigneur. Elles tâcheront de déraciner tous les vices et de faire germer en elles l'amour de la religion et des vertus qu'elle enseigne. Elles veilleront, par elles-mêmes et par les autres Maîtresses, à la conservation de leur innocence, en éloignant tout ce qui pourrait la compromettre, telles que les amitiés particulières, les correspondances dangereuses, etc. C'est pourquoi les Maîtresses principales des internes ne remettront aucun paquet sans l'avoir visité, ni aucune lettre sans l'avoir lue, et seront, aussi bien que toutes les Maîtresses principales des externes, d'une rigoureuse exactitude à ne laisser aucun livre dangereux ou suspect entre les mains de leurs élèves. Dans les conférences qu'elles auront, tous les huit jours, avec les autres Maîtresses, elles leur recommanderont surtout cette vigilance, comme un point important, et duquel résulte tout le succès d'une bonne éducation.

5° Les Maîtresses principales s'appliqueront à conserver dans une grande simplicité les élèves qui leur seront confiées. Tout en exigeant qu'elles soient tenues proprement, elles éviteront soigneusement de les sortir de leur condition, en tolérant en elles l'amour du luxe et de la paresse.

6° Dans les rapports avec les parents, elles devront être très polies; mais elles éviteront toute familiarité, toute perte de temps, toute conversation inutile.

7° Dans les lettres qu'elles seront dans le cas d'écrire aux parents des élèves, elles seront exactes, modérées, polies. Elles useront de discrétion dans les affaires, de condescendance dans les choses sans importance ; mais elles seront fermes à empêcher tout ce qui pourrait donner lieu à des abus.

# SIXIÈME PARTIE.

DE L'EXERCICE DE LA CHARITÉ.

## CHAPITRE I.

*Du soin des pauvres et des malades.*

Le Fils de Dieu s'est fait homme, non-seulement pour nous ouvrir le ciel par sa mort, mais encore pour nous montrer la route qui y conduit, par ses instructions, par l'exemple de toutes les vertus, et surtout par sa charité. Il disait à ceux qui allaient l'entendre : *Venez à moi, vous tous qui avez des peines, et je vous soulagerai.* A son imitation, les Sœurs de Saint-Joseph ne se contenteront pas de s'occuper de leur propre perfection, elles se consacreront toutes au service du prochain : c'est la seconde fin de leur Institution.

1° Elles prendront la direction des hôpitaux, des hospices de vieilles femmes, d'aliénées, des maisons de refuge, pour ramener à la pénitence les filles égarées.

2° Partout où il y aura des Maisons de la Congrégation, les Sœurs visiteront les malades à domicile, autant qu'elles le pourront, et elles feront leur possible pour leur procurer quelques aumônes, soit de leurs propres biens, si elles le peuvent, soit en intéressant des personnes charitables, à leurs besoins. Dans les villes où il y aura des communautés nombreuses, on destinera des Sœurs pour faire régulièrement la visite des pauvres malades, et l'on s'entendra avec les associations de charité pour avoir de quoi les soulager. Les Sœurs pourront même quêter à cette fin.

3° Elles feront aussi en sorte d'avoir, dans leurs Maisons, une espèce de petite pharmacie, où elles tiendront quelques drogues, au moins les plus communes, pour faire des remèdes aux pauvres malades ; mais elles ne les leur donneront ordinairement que par ordre du médecin.

4° Elles seront toujours prêtes à se dévouer, lorsqu'une épidémie réclamera leur présence ; cependant, dans ce cas, il n'y aura jamais de commandement de la part des Supérieures ; on fera un appel aux Sœurs de bonne volonté.

5° Pour conserver et renouveler le zèle nécessaire pour faire et pour souffrir avec courage tout ce qui se présentera de rude et de difficile dans le service des pauvres, les Sœurs se persuaderont qu'elles servent Jésus-Christ en leurs personnes ; que c'est lui-même qui reçoit leurs services, et qu'au jour du jugement, il leur dira : *Venez, les bénis de mon Père, car j'ai eu faim, et vous m'avez donné à manger ; j'ai eu soif, et vous m'avez donné à boire ; j'étais étranger, et vous m'avez accueilli ; j'étais nu, et vous m'avez vêtu ; j'étais malade, et vous m'avez visité ; j'étais prisonnier, et vous êtes venu à moi.* (S. Math., chap. xxv, versets 34, 35 et 36.) Quelle est celle qui ne se sentira pas animée de zèle en méditant ces vérités ?

## CHAPITRE II.

*De l'école et de l'éducation des filles pauvres.*

Le soin des enfants et des filles pauvres est une des plus importantes fonctions de l'Institut. C'est dans ce laborieux exercice et cette grande mission, confiée à la Congrégation, que les Sœurs doivent déployer toute l'ardeur de leur zèle; car c'est de la bonne ou mauvaise éducation de la femme que dépend principalement l'avenir heureux ou malheureux de la société. C'est pourquoi elles se chargeront de la direction des salles d'asile pour l'enfance, de l'école des filles pauvres, des maisons d'orphelines. Elles ouvriront des salles de travail, où elles apprendront aux jeunes personnes les ouvrages manuels appropriés à leur condition. Dans les lieux où elles seront établies, elles feront leur possible pour former des réunions ou associations de piété pour les jeunes filles, afin de les instruire et de les encourager à la pratique des vertus chrétiennes. Elles pourront, dans le même but, former de semblables réunions pour les femmes mariées. Mais elles auront toujours soin d'agir en cela de concert avec MM. les curés des paroisses respectives pour la direction de ces sortes d'associations.

## CHAPITRE III.

*Des pensionnats et des externats de demoiselles.*

Quoique la Congrégation soit spécialement destinée au soin des malades et à l'instruction des filles pauvres, les Sœurs peuvent néanmoins être appliquées aussi à l'éducation des filles des familles aisées, et ouvrir des pensionnats et des externats de demoiselles.

1° Le prix de la pension ne doit pas être trop élevé ; on aura égard, en cela, aux circonstances des temps et des lieux.

2° Dans les villes où les élèves du pensionnat seront nombreuses, on leur interdira toute espèce de rapports avec les externes.

3° Les Sœurs éviteront, avec soin, d'établir leurs pensionnats sur un pied opposé à l'esprit de simplicité et d'humilité qui doivent caractériser l'Institut.

4° Le costume des élèves doit être simple et modeste. On aura soin de leur inspirer de l'éloignement pour le luxe et la toilette, et de les maintenir, autant qu'il sera possible, dans l'état et la condition de leur famille.

5° La connaissance exacte de la religion doit être la base de l'éducation des jeunes demoiselles qui sont confiées aux Sœurs. Aussi elles s'appliqueront, spécialement, à bien les instruire des vérités et des devoirs de la vie chrétienne, et à leur en faire goûter les pratiques.

6° Elles s'attacheront aussi à former leurs élèves à l'esprit d'ordre et d'économie; car très souvent la ruine et le malheur des familles sont occasionnés par les vices opposés à ces deux importantes qualités.

7° On s'occupera, avec soin, à développer leurs facultés intellectuelles, à orner leur esprit des connaissances qui conviennent à leur sexe, selon les exigences des temps et des lieux; mais on s'appliquera, en même temps, à les former aux travaux de l'aiguille, et à en faire de bonnes ménagères.

8° La musique ne sera pas ordinairement adoptée dans les pensionnats de la Congrégation. Si, néanmoins, quelqu'une des Maisons de l'Institut se trouvait, par sa position, dans des circonstances spéciales, la Supérieure générale, après en avoir conféré avec son conseil et avoir mûrement examiné devant Dieu les avantages et les inconvénients qui en pourraient résulter, soumettra le tout au jugement de l'Ordinaire du diocèse.

9° Il est expressément défendu de placer un instrument de musique quelconque au parloir; on le tiendra dans une chambre aussi éloignée que possible de l'appartement occupé par la Communauté, afin qu'il ne soit, pour aucune Sœur, un sujet de dissipation.

10° On prendra les plus grandes précautions pour les leçons d'agrément. On ne les permettra qu'à la demande expresse des parents, qui sera soumise à la sagesse de la Supérieure. On exercera la plus sévère surveillance pendant le temps des leçons. Si l'on était obligé de recourir à des personnes du dehors pour les donner, il faudrait alors que la Supérieure nommât une Sœur d'un âge mûr pour veiller à ce que tout se passe avec la plus grande modestie. En ce qui concerne la musique et le dessin, on bannira, avec la plus scrupuleuse attention, tout ce qui pourrait porter atteinte à la pudeur chrétienne, soit pour les yeux, soit pour les oreilles.

## CHAPITRE IV.

*Des Maisons établies dans le diocèse.*

Toutes les maisons de l'Institut établies dans le diocèse, dépendent immédiatement de la Maison-Mère de Chambéry. Toutes les Sœurs doivent la considérer comme le berceau et le lieu où elles ont puisé les premiers principes de la vie religieuse.

1° Comme c'est un principe que l'union fait la force, il est absolument nécessaire, pour la conserver, que les Supérieures locales soient étroitement unies à la Supérieure générale.

2º Chaque année, à l'époque assignée par la Supérieure générale, toutes les Supérieures locales et toutes les Sœurs de la Congrégation du diocèse, se rendront avec exactitude à la Maison-Mère, pour y faire les exercices spirituels de la retraite.

3º Les Supérieures locales ont autorité sur les Sœurs de leurs Maisons dont elles sont supérieures immédiates, et auront voix active et passive au chapitre de l'élection de la Supérieure générale.

4º Elles ne pourront faire aucune chose importante, ni se charger d'aucune œuvre nouvelle, sans le consentement de la Supérieure générale.

5º A la fin de l'année, les Supérieures locales enverront à la Supérieure générale les comptes de leur Maison, où les recettes et les dépenses devront être nettement et fidèlement spécifiées.

6° Elles verseront dans la caisse de la Maison-Mère leur excédant, s'il y en a, afin qu'il soit employé aux besoins de la Congrégation du diocèse, selon que la Supérieure générale le trouvera à propos.

7° Les Supérieures locales, dont les Maisons se trouveront dans le besoin, auront recours à la Supérieure générale, qui s'empressera, avec l'assentiment du Père spirituel, de les aider selon les ressources de la Congrégation.

8° Les comptes de toutes les Maisons du diocèse seront soumis, chaque année, à l'approbation de Mgr l'Archevêque.

## CHAPITRE V.

*Des Maisons de la Congrégation établies hors du diocèse.*

Lorsque la Congrégation des

Sœurs de Saint-Joseph du diocèse de Chambéry sera dans le cas de former un établissement dans un autre diocèse, on pratiquera ce qui suit :

1° La Supérieure générale, son Conseil et le Père spirituel examineront avec soin les conditions proposées, les emplois que les Sœurs auront à exercer dans ce nouvel établissement et les moyens de subsistance qui y seront mis à leur disposition. Pour ces sortes de fondation, on se conformera aux règles canoniques, ayant soin d'obtenir préalablement l'assentiment par écrit de l'Archevêque de Chambéry, et de l'Evêque du diocèse où doit se faire la nouvelle fondation. Pour établir un Noviciat dans un diocèse étranger, il faudra obtenir la permission du Saint-Siége. Ce Noviciat restera sous la direction de la Supérieure générale de Chambéry, tant que ne se réalisera pas le cas prévu par l'art. vii du présent chapitre.

2° On ne formera jamais de Maison hors du diocèse, sans y envoyer au moins trois Sœurs voilées et une Sœur Converse. Avant le départ, la Supérieure générale nommera, parmi elles, une Supérieure et une Assistante, s'il est nécessaire.

3° La Supérieure générale ira elle-même, s'il se peut, et, en cas d'empêchement, elle enverra une Sœur de son choix pour les accompagner, et pour s'assurer si la maison destinée à leur servir de logement réunit les conditions requises.

4° Les Sœurs, ainsi établies, deviennent, par là même, soumises à l'Evêque du diocèse, comme elles étaient soumises auparavant à l'Archevêque de Chambéry. La Supérieure locale le priera de donner un Père spirituel à cette nouvelle Communauté.

5° Tandis que cette Maison ne sera pas érigée en Congrégation diocésaine, les Sœurs qui en font partie resteront soumises à la Supérieure générale de Chambéry, qui pourra les rappeler et les remplacer, quand elle le croira nécessaire.

6° Les Sœurs, ainsi établies hors du diocèse, devront continuer à observer les Constitutions de la Congrégation de Chambéry.

7° Si cette Communauté vient à prendre du développement, lorsque le nombre des religieuses sera dans le diocèse de plus de trente Sœurs Professes, l'Evêque, avec la permission de la sacrée Congrégation des Evêques et Réguliers, pourra établir une Congrégation distincte pour son diocèse, avec les Constitutions déjà approuvées par le Saint-Siége, et faire élire une Supérieure générale indépendante.

## CHAPITRE VI.

*Des Maisons établies dans les missions étrangères.*

Lorsque la gloire de Dieu et le salut des âmes paraîtront l'exiger, après s'être concertée avec Mgr l'Archevêque et le Père spirituel, la Supérieure générale pourra acquiescer aux demandes qui lui seront faites, de former quelques établissements dans les pays des missions étrangères. On observera à cet égard ce qui suit :

1° Pour établir l'Institut dans une mission, il faudra avoir l'assentiment de la sacrée Congrégation de la Propagande.

2° Les Sœurs ne seront envoyées dans ces établissements que sur la demande expresse qu'elles en feront, et seulement lorsqu'on les en jugera capables. On ne pourra jamais les y obliger en vertu de leurs engagements. Celles qui auront le désir de s'y consacrer, devront mûrir longtemps leur vocation par la réflexion et la prière, et travailler à s'affermir dans la pratique des vertus de leur état.

3° Le choix des Sœurs à envoyer dans les missions étrangères sera fait par la Supérieure générale. Elle prendra des renseignements exacts sur celles qui auront exprimé le désir de se consacrer à cette bonne œuvre. Elle appellera ensuite à la Maison-Mère celles sur lesquelles elle aura quelques vues, afin de s'assurer de la solidité de leur vocation. Elle ne se décidera jamais qu'en faveur de celles dont la vertu et les autres qualités lui laisseront une sorte de certitude morale pour leur persévérance dans le bien. Si la Supérieure négligeait cette précaution, elle se rendrait responsable de tout ce qui pourrait en arriver de fâcheux.

4° Celle des Sœurs qui sera choisie pour Supérieure d'une maison à établir dans la mission, devra être une personne capable et solidement vertueuse. Il faudra qu'elle se soit distinguée par la maturité de sa conduite et par un grand zèle de la gloire de Dieu, accompagné d'un véritable esprit de sacrifice. Elle sera nommée par la Supérieure générale, de l'avis du Conseil et du Père spirituel.

5° Les Sœurs ne seront ordinairement envoyées dans les missions qu'après la profession des vœux perpétuels. Cependant, dans quelques cas particuliers, de l'avis du Conseil, la Supérieure pourra les laisser partir après l'émission des premiers vœux.

6° La Supérieure de la mission aura deux conseillères nommées par la Supérieure générale. En cas de décès de la Supérieure, la première conseillère en fera de droit les fonctions, jusqu'à ce que la Supérieure générale ait fait une nouvelle nomination.

7° Les Sœurs de la mission seront soumises à l'Evêque du diocèse ou au Vicaire apostolique, comme elles sont soumises partout à l'Evêque diocésain.

## CHAPITRE VII.

*Défauts qui font déchoir les Congrégations et moyens de les éviter.*

Après avoir posé dans ces Constitutions les bases de la Congrégation des Sœurs de Saint-Joseph, il ne reste plus qu'à signaler les défauts qui pourraient la faire déchoir, et à établir les moyens les plus propres à en assurer la conservation.

1° Les défauts qui entraînent ordinairement la décadence d'une Congrégation religieuse, sont :

1° La réception de personnes qui n'ont pas une vraie vocation ou qui sont sujettes à certaines imperfections incompatibles avec la vie de communauté, ainsi que la négligence de la Maîtresse des Novices ou de la Supérieure, à former solidement à la vertu les jeunes Sœurs pendant le Noviciat. Pour remédier à cet inconvénient, on n'aura qu'à se conformer exactement à tout ce qui est prescrit dans la quatrième partie des Constitutions.

2° Les prétentions de l'amour-propre, le désir d'obtenir un emploi élevé ou de le faire donner à une personne qu'on tient à favoriser, l'esprit de parti et de division : ce sont là les plus graves dangers qu'une communauté puisse redouter. Pour s'en préserver, toutes les Sœurs auront grand soin de se maintenir dans l'esprit d'humilité, et de considérer qu'une religieuse qui entre en charge avec des vues d'ambition ne peut pas espérer d'y trouver les grâces dont elle aura besoin ; elle expose ainsi son salut, et assume sur elle la responsabilité de tous les maux qui peuvent en résulter pour la Congrégation. Pour prévenir un malheur de ce genre, celui qui présidera à l'élection de la Supérieure générale, recommandera et ordonnera même formellement, en vertu de la sainte obéissance, à toutes les électrices, de ne voter qu'en faveur de celle que, devant Dieu et dans leur conscience, elles jugeront la plus capable d'en exercer saintement les fonctions.

3ᵒ Le mauvais usage que les Supérieures font de leur autorité, ainsi que leur négligence à veiller sur la conduite de leurs inférieures et à les reprendre de leurs défauts, l'inobservance des Constitutions et le relâchement en sont ordinairement les conséquences ; c'est pour prévenir ces inconvénients que le conseil de la Supérieure générale a été établi. Si de tels abus devenaient graves, les Sœurs qui font partie du conseil devraient en donner connaissance au Père spirituel et même au besoin à Mgr l'Archevêque.

4° Il faut ajouter à tous ces dangers les rapports trop fréquents avec les gens du monde, qui introduisent facilement la dissipation dans une communauté, le défaut ou l'excès de ressources temporelles ; le premier entretient dans une maison une sollicitude inquiète ; le second fait aimer les aises de la vie et détruit l'esprit de mortification. Pour prévenir ces défauts ou pour y remédier, la Supérieure générale fera, chaque année, par elle-même, autant que possible, la visite de toutes les maisons placées sous sa dépendance. Dans cette visite, elle écoutera chaque Sœur en particulier ; elle s'assurera si les statuts de la Congrégation sont en vigueur ; si toutes les Sœurs sont à leur devoir ; si les emplois sont remplis avec zèle et selon les prescriptions de l'Institut, etc. Elle encouragera, par des paroles pleines de charité et de bienveillance, celles qui seront fidèles à leurs obligations ; fera, avec prudence, des corrections à celles qui s'en seront écartées, et si le cas l'exige, elle pourra faire passer une Sœur dans une autre maison.

5° Enfin, un moyen très efficace pour faire avancer un Institut dans la perfection, et pour l'y maintenir, c'est une étroite union des esprits et des cœurs. C'est pourquoi, on s'attachera à élever et à maintenir les

Sœurs dans un grand esprit de charité; et comme rien n'est plus contraire à cette union, que la diversité des sentiments et le défaut de soumission, les membres du conseil devront être, pour toutes les autres Sœurs, des modèles de la déférence, de la soumission et du respect que toutes doivent avoir pour la Supérieure, et elles regarderont, comme un de leurs premiers devoirs, le soin de lui concilier les esprits et les cœurs, et soutenir son autorité sur tous les membres de la Congrégation. Elles lui donneront, en toute occasion, des preuves sincères d'obéissance et d'attachement.

## CHAPITRE VIII.

*Du soin de la santé et du temps de la maladie.*

Toutes dévouées au service du

prochain, les Sœurs ont à remplir, chaque jour, tant pour l'instruction des jeunes personnes que pour le soin des malades pauvres, des fonctions pénibles et fort peu agréables. Aussi faut-il que les Supérieures et celles des Sœurs qui en sont spécialement chargées, veillent d'une manière très particulière à la conservation de leur santé. C'est la raison pour laquelle il n'y aura pas, dans l'Institut, d'austérités particulières.

1° Chaque Supérieure veillera, avec une attention maternelle, à ce qu'il ne manque à ses filles aucune des choses qui pourront contribuer à la conservation de leur santé, et les mettre en état de soutenir les fatigues attachées à leurs emplois. Les Officières rempliront à cet égard les intentions de leur Supérieure, avec l'empressement d'une douce charité.

2° On veillera à ce que l'application au travail ne soit pas trop prolongée, et à ce qu'aucune Sœur ne soit surchargée dans son emploi. Les Supérieures ne permettront pas facilement que les Sœurs se dispensent d'assister aux récréations. Aux jours de congé, elles leur feront faire, autant que possible, des promenades à la campagne qui serviront à délasser l'esprit et à donner au corps les forces nécessaires. Elles leur permettront difficilement d'abréger le sommeil, elles seront plutôt faciles à en accorder la prolongation à celles qui seront faibles de santé ou infirmes. Elles veilleront à ce que la nourriture soit saine, en quantité suffisante, et à ce que les Sœurs ne se dispensent d'aucun repas sans permission.

3° Les Supérieures devront surtout montrer une grande charité pour les Sœurs malades ; elles les visiteront tous les jours, autant que possible, particulièrement quand il y aura danger de mort. Toutes les Sœurs devront aussi animer leur zèle et leur ferveur pour rendre service aux malades. Rien de tout ce que le médecin ordonnera pour leur soulagement ne sera épargné.

4° Aussitôt qu'une Sœur se trouvera sérieusement indisposée, le médecin sera appelé; on se conformera à ses ordonnances. Le confesseur sera appelé aussi et la visitera de temps en temps, selon ses besoins. Si la maladie augmente de manière à ce qu'il y ait danger de mort, la Supérieure préviendra le confesseur pour lui administrer les sacrements et l'assister à sa dernière heure. Pour administrer le Viatique et l'Extrême-Onction, le confesseur se mettra de concert avec le curé de la paroisse.

On lui fera la recommandation de l'âme, quand il en sera le cas, toutes les Sœurs y assisteront, et, lorsqu'elle expirera, toutes à genoux, au pied de son lit, adoreront les jugements de Dieu et prieront pour elle.

## CHAPITRE IX.

*Des obsèques et des devoirs à rendre aux Sœurs après leur mort.*

1° Aussitôt qu'une Sœur aura rendu le dernier soupir, la Supérieure ordonnera que son corps soit lavé et ensuite revêtu de tout le costume de la Congrégation. Il sera ensuite placé dans la bière, les mains jointes tenant son crucifix, et porté à la chapelle, s'il y en a une dans la Maison ; s'il n'y en a pas, on le placera dans une chambre. La Communauté accompagnera le cercueil, en récitant le *Miserere ;* l'une des Sœurs le précédera, en portant une croix. Si la Supérieure le juge à propos, on laissera la face et la bière découvertes.

2° A l'heure la plus commode, la Supérieure réunira la Communauté auprès de la bière, pour y psalmodier Matines et Laudes de l'office des morts. Les Sœurs Converses réciteront le Rosaire des morts, en disant sur chaque gros grain le *De profundis*, et sur les petits *Requiem æternam dona eis*, etc. Tant que le corps sera exposé, il y aura toujours, auprès de lui, une ou deux Sœurs qui prieront pour la défunte.

3° On fera célébrer, autant que la chose sera possible, une messe solennelle, le jour de la sépulture. Les funérailles seront aussi honorables que le mérite une épouse de Jésus-Christ. On y appellera ordinairement trois prêtres, selon les coutumes des temps et des lieux. Les Sœurs seront ensevelies dans le cimetière de la Communauté, s'il y en a un, sinon, dans le cimetière de la paroisse où elles seront décédées.

4° La Supérieure de la Maison où une Sœur sera décédée, fera célébrer vingt messes basses ; toutes les Sœurs de ladite Maison feront pour elle la sainte communion, réciteront le Rosaire, le jour de la sépulture, le neuvième jour et celui de l'anniversaire.

5° Aussitôt après le décès d'une Sœur, la Supérieure générale en sera informée ; elle en fera de suite donner avis à toutes les Maisons principales de la Congrégation. Les Supérieures des Maisons du diocèse, où la Sœur sera décédée, en ayant reçu la nouvelle, feront célébrer une messe basse, feront faire la sainte communion à toutes les Sœurs, et réciter Matines et Laudes de l'office des morts. Les Sœurs Converses diront le Rosaire des morts.

6° Dans les diocèses étrangers,

chaque Sœur fera, pour la défunte, la première communion de règle, et offrira quelques-unes de ses prières ordinaires pour le repos de son âme.

7° Outre ces prières particulières pour chaque défunte, les Supérieures de toutes les Maisons de la Congrégation feront célébrer tous les mois une messe basse, et feront faire une communion le premier jeudi de chaque mois, pour toutes les Sœurs défuntes de la Congrégation. Dans les Maisons de Noviciat, la sainte messe sera célébrée, à cette intention, une fois par semaine.

8° On aura soin d'avoir, dans chaque diocèse, un registre où seront marqués l'heure, le jour, le mois et l'an du décès de chaque Sœur, avec une notice sur les vertus et les actions les plus édifiantes de sa vie; mais on n'inscrira jamais rien de défavorable dans cette notice.

## Décret d'approbation.

Ex audientia SS$^{mi}$ habita ab infra D. Secretario S. Congregationis Episcoporum et Regularium, sub die 22 martii 1861,

Sanctitas Sua, attentis litteris commendatitiis Archiepiscopi Camberiensis præscriptas Constitutiones prout in hoc exemplari continentur, pro profato Instituto votorum simplicium confirmavit, salva Ordinarii jurisdictione ad præscriptum SS. Canonum et Apostolicarum Constitionum.

Roma.

N Cardinalis PARACCIANI CLASOLLI, *Præfectus.*

† A., Archiepiscopus.
PHILIPPEN, *Secret.*

Dans l'audience qu'a reçue du très Saint-Père, le soussigné secrétaire des Evêques et Réguliers, le 22 mars 1861,

Sa Sainteté, après avoir pris connaissance de la supplique de M$^{gr}$ l'Archevêque de Chambéry, a approuvé les présentes Constitutions des Sœurs de Saint-Joseph, telles qu'elles sont contenues dans le présent exemplaire manuscrit, pour le susdit Institut de vœux simples, sauf la juridiction de l'Ordinaire, selon la prescription des SS. Canons et des Constitutions Apostoliques.

Rome.

N. Cardinal PARACCIANI, *Préf.*

† A., Archevêque.
DE PHILIPPEN, *Secrét.*

# TABLE DES CONSTITUTIONS.

## LIVRE PREMIER.

### PREMIÈRE PARTIE.

*De la fin de cette Congrégation et des vertus que les Sœurs doivent pratiquer.*

CHAPITRE I<sup>er</sup>. But de l'Institut. *Pag.* 1
CHAP. II. De la clôture que les Sœurs doivent garder et de la fuite du monde. 4
CHAP. III. De la modestie et de l'habit des Sœurs.................................... 10
CHAP. IV. De l'humilité et de l'ordre qu'il faudra garder dans la Congrégation.... 15
CHAP. V. De l'union avec Dieu et des exercices spirituels que les Sœurs devront pratiquer........................... 21
CHAP. VI. De la charité que les Sœurs devront pratiquer entre elles............ 23

### DEUXIÈME PARTIE.

*Moyens de perfection.*

CHAPITRE I<sup>er</sup>. Des moyens généraux que les Sœurs devront prendre pour acquérir la perfection....................... 29
CHAP. II. Des exercices de chaque jour, et de la distribution des heures......... 30

Chap. III. Du repas et des pratiques d'humilité.................................. 34
Chap. IV. Communions de règle........ 36
Chap. V. Des exercices de chaque semaine. 37
Chap. VI. Du Chapitre des coulpes...... 39
Chap. VII. Des exercices de chaque mois.. 44
Chap. VIII. Des exercices et pratiques de chaque année...................... 47

## TROISIÈME PARTIE.

*Constitutions communes à toutes les Sœurs et Constitutions particulières pour les Officières subalternes.*

Chapitre I<sup>er</sup>. Devoirs envers soi-même.. 51
Chap. II. Devoirs envers la Supérieure... 54
Chap. III. Devoirs envers les compagnes. 56
Chap. IV. Règles à suivre à l'égard des personnes du dehors................. 58
Chap. V. Des sorties en ville........... 60
Chap. VI. Des voyages................. 63
Chap. VII Règles particulières pour les Novices et les Prétendantes.......... 66
Chap. VIII Des Règles pour les Sœurs Converses............................. 73
Chap. IX. Règles pour les Sœurs Institutrices............................... 76
Chap. X. Des Règles pour les Sœurs Hospitalières........................... 82
Chap. XI. Règles pour les Sœurs directrices des réunions de piété............ 89
Chap. XII. Des Règles pour la Sœur chargée du soin des pauvres, à domicile... 92

Chap. XIII. Règles de la Portière....... 93
Chap. XIV. Règles de la Sacristine...... 98
Chap. XV. Règles pour la Commissionnaire ................................. 100
Chap. XVI. Règles pour les autres Officières................................. 102
Chap. XVII. De l'obligation qu'ont les Sœurs d'observer les Constitutions..... 106
Chap. XVIII. Des Sœurs agrégées...... 109

## QUATRIÈME PARTIE.

*Qualités, réception et éducation des sujets.*

Chapitre I<sup>er</sup>. Des qualités requises dans les personnes qui désirent faire partie de la Congrégation..................... 114
Chap. II. De la réception des sujets...... 118
Chap. III. Du Noviciat et de l'éducation des Novices........................ 124
Chap. IV. De la profession............. 132
Chap. V. Du vœu d'obéissance......... 136
Chap. VI. Du vœu de chasteté. ........ 137
Chap. VII. Du vœu de pauvreté....... 140
Chap. VIII. De la dispense des vœux.... 143

## CINQUIÈME PARTIE.

*Organisation de la Société.*

Chapitre I<sup>er</sup>. De son organisation en général ............................... 148
Chap. II. Du Père spirituel............. 150
Chap. III. Du Confesseur et de la confession ................................. 151

Chap. IV. Election de la Supérieure générale............................................. 155
Chap. V. Election des Officières, attributions de la Supérieure générale et de son Conseil............................................. 160
Chap. VI. Qualités et devoirs de la Supérieure générale............................... 164
Chap VII. Devoirs des Assistantes...... 168
Chap. VIII. Des Conseillères............. 171
Chap. IX. Devoirs de la Coadjutrice ou Maîtresse des Novices................. 173
Chap. X. De l'Econome................. 175
Chap XI. De la Sœur secrétaire........ 181
Chap. XII. De l'Admonitrice........... 184
Chap. XIII. Devoirs des Supérieures locales............................................. 186
Chap. XIV. Des Maîtresses principales... 189

## SIXIÈME PARTIE.

*De l'Exercice de la Charité.*

Chapitre I<sup>er</sup>. Du soin des pauvres et des malades........................................ 195
Chap. II. De l'école et de l'éducation des filles pauvres................................. 198
Chap. III. Des pensionnats et des externats de demoiselles............................. 200
Chap. IV. Des Maisons établies dans le diocèse............................................. 204
Chap. V. Des Maisons de la Congrégation établies hors du diocèse............... 206
Chap. VI. Des Maisons établies dans les Missions étrangères....................... 210

CHAP. VII. Défauts qui font déchoir les Congrégations, et moyens de les éviter. 213
CHAP. VIII. Du soin de la santé et du temps de la maladie.................. 218
CHAP. IX. Des obsèques et des devoirs à rendre aux Sœurs après leur mort..... 222

FIN DE LA TABLE DES CONSTITUTIONS.

www.ingramcontent.com/pod-product-compliance
Lightning Source LLC
Chambersburg PA
CBHW060343190426
43200CB00041B/1688